Venceslas Kruta

Die Kelten

HERDER spektrum

Band 4869

Das Buch

Unser Bild der Kelten ist weitgehend durch Mythen und Klischees bestimmt, durch Feenmärchen, Bücher über die Geheimnisse der Druiden und vor allem durch die Geschichte vom erfolgreichen Widerstand eines kleinen gallischen Dorfes gegen die Römer.

Doch was wissen wir wirklich über unsere keltischen Vorfahren? Von Irland bis zum Schwarzen Meer waren sie jahrhundertelang die stärkste Macht in Mitteleuropa. Doch wer weiß schon, daß sie ohne Mörtel hohe Mauern bauen konnten, die heute noch stehen, oder daß sie im Handel mit dem italischen Raum hauptsächlich Wein importiert haben? Venceslas Kruta gelingt es in diesem kurzen, aber umfassenden Überblick, die archäologischen und schriftlichen Quellen zum Sprechen zu bringen. Er fragt nach den Ursprüngen der Kelten, schildert ihre Ausbreitung über weite Teile Europas und geht den vielfältigen Beziehungen nach, die sie mit der damaligen Welt verbanden. So entsteht ein differenziertes Mosaik der keltischen Gesellschaft und ihrer Alltagskultur. Das reicht von Handel und Münzwesen über Waffen und Schmuck, Kleidung, landwirtschaftlichen Geräten bis hin zu den Hügelgräbern, von denen bis heute noch Überreste zu sehen sind. Auf kompetente und informative Weise wird in diesem Buch Aufstieg und Niedergang einer Kultur sichtbar, die für die europäische Zivilisation grundlegend gewesen ist.

Der Autor

Venceslas Kruta hat in Prag und Paris klassische und prähistorische Archäologie studiert und ist seit 1975 Professor an der École Pratique des Hautes Études in Paris. Er ist Autor zahlreicher Veröffentlichungen über prähistorische und keltologische Themen. Auf deutsch erschienen ist sein Standardwerk „Die Anfänge Europas. 6000–500 v.Chr."

Venceslas Kruta

Die Kelten

Aufstieg und Niedergang einer Kultur

Aus dem Französischen von
Christoph Mache

Herder
Freiburg · Basel · Wien

Neu bearbeitete, aktualisierte und um ein Kapitel ergänzte Ausgabe der in *Les Celtes* (Paris 1978; Freiburg im Breisgau 1979) enthaltenen Beiträge des Autors

Übersetzung der neu geschriebenen Textpassagen: Udo Richter

Gedruckt auf umweltfreundlichem, chlorfrei gebleichtem Papier

Deutsche Erstausgabe

Umschlaggestaltung und Konzeption:
R·M·E München / Roland Eschlbeck, Liana Tuchel
Umschlagmotiv: Steinerner Kopf aus Roquepertuse. 4.–3. Jh. v. Chr. Foto von Erich Lessing
Satz: Rudolf Kempf, Emmendingen
Herstellung: Freiburger Graphische Betriebe 2000
ISBN 3-451-04869-8

Inhalt

1.

Die Wiederentdeckung der keltischen Vergangenheit

Die Kelten waren während des halben Jahrtausends vor Beginn unserer Zeitrechnung in den weiten Gebieten, die sich zwischen Nordeuropa und dem Mittelmeerraum vom Atlantik bis zu den Karpaten erstrecken, die durch ihre Macht ebenso wie durch ihre Kraftfülle vorherrschende Volksgruppe.

Es überrascht daher nicht, daß ihr Bild in der Selbstauffassung gewisser Völker, die sich als ihre mehr oder weniger direkten Erben betrachten, einen wichtigen Platz einnimmt.

Aus der Nähe betrachtet, entpuppt sich unsere Vorstellung von den alten Kelten als das Ergebnis einer Überlagerung aufeinanderfolgender Klischees, die sich manchmal ergänzen, manchmal aber auch, mindestens scheinbar, sich widersprechen. Dies ist weniger eine Folge mangelnder Objektivität auf den verschiedenen Stufen der Keltenforschung, sondern ergibt sich aus der besonderen Natur der Quellen, über die wir verfügen, sowie aus den verschiedenen Gesichtspunkten, unter denen sie ausgewertet werden.

Antike Schriftsteller als Quelle

Da wir keine von den Kelten selbst aufgezeichnete geschichtliche Überlieferung benützen können, besteht die Quelle, mit deren Hilfe wir wenigstens einen Teil der Ereignisse rekonstruieren können, welche die letzten fünf Jahrhunderte der keltischen Frühgeschichte markieren, aus

Zeugnissen griechischer und lateinischer Schriftsteller. Diese Texte, die oft zeitgenössisch sind oder zeitlich den Ereignissen, die sie berichten, hinreichend nahestehen und dann nur als verhältnismäßig zuverlässig gelten können, betreffen jedoch nur die Landstriche, die in direktem Kontakt mit dem Mittelmeerraum standen, und enthalten nur Geschehnisse, die hier von besonderer Bedeutung waren. Die Welt der keltischen Barbaren, andersartig in Geist und Beweggründen, bleibt für die griechisch-lateinischen Berichterstatter, die im übrigen nicht immer unvoreingenommen waren, fast völlig unfaßbar. Die instinktive Ablehnung, welche die keltische „Unvernunft" bei gewissen griechischen Philosophen schon im 4. vorchristlichen Jahrhundert hervorruft, ist der erste Ausdruck des Gegensatzes zwischen zwei offensichtlich unverträglichen Formen von Geisteshaltung. Dieser Gegensatz wird sich jedoch erst nach zweitausend Jahren systematisch entwickeln, wenn man versuchen wird, die Kelten zu mehr oder weniger bewußten Vorläufern gewisser nonkonformistischer Strömungen der modernen Kultur zu machen.

Die keltische Welt, wie sie in den Texten der klassischen Autoren dargestellt wird, scheint einerseits durch ihre Gewalt ehrfurchtgebietend oder gar furchtbar, aber gleichzeitig unzusammenhängend und ebenso unberechenbar wie gewisse Naturkräfte, welche zu meistern selbst den Göttern einige Schwierigkeiten aufgibt. Die Eroberung des größten Teils der von den Kelten bewohnten Gebiete und ihre schrittweise Romanisierung stellt also von diesem Standpunkt aus eines der glücklichsten Ereignisse für den Gang des Fortschritts dar: Es ist der Sieg der Ordnung über die Unordnung, der Kultur über die Barbarei. Es handelt sich dabei nicht um eine Auffassung, die ausschließlich von der Unkenntnis und dem Unverständnis der keltischen Wirklichkeit herrührt, sondern wir finden sie sogar bei den wichtigsten Keltenforschern Ende des letzten Jahrhunderts. Diese besondere Betrachtungsweise hat unsere Vorstellung von der keltischen Frühgeschichte so geprägt, daß es uns erst jetzt gelingt, Beurteilungen zu erarbeiten, die nicht ausschließlich und bedingungslos verklärend oder ablehnend sind.

Die mündliche Überlieferung der Inselkelten, wie sie von christlichen Mönchen in der Originalsprache in mittelalterlichen Schriften festgehalten wurde, wird zu Recht als vollständigster und sprechendster Ausdruck einer Mentalität betrachtet, die jener der frühgeschichtlichen Kelten ähnlich, wenn nicht gleich ist. Wenn man nach den zahlreichen Anspielungen in den Werken gewisser Autoren des 16. und 17. Jahrhunderts urteilt, ist diese Überlieferung lebendig und geschätzt geblieben und war mit der Entstehung der Vorstellung von einer keltischen Vergangenheit Vorläufer aller möglicher antiklassizistischer oder, allgemeiner, antikonformistischer Strömungen.

Mündliche Überlieferung und die Ossian-Fälschung

Kurz nach der Mitte des 18. Jahrhunderts, gerade als J. Winckelmann die griechische Kunst wiederentdeckt und somit ein neues Kapitel in der Würdigung des klassischen Altertums aufschlägt, erscheinen die Ossian-Dichtungen von J. Macpherson, eine täuschende Fälschung, die geschickt als englische Übersetzung keltischer Gedichte aufgemacht ist. Fast sofort auf italienisch, deutsch und französisch veröffentlicht, erregt dieses Werk bemerkenswertes Aufsehen, so bei J. G. Herder und beim jungen Goethe. Es ist eines der deutlichsten Anzeichen für die Entstehung der romantischen Bewegung. Das dichterische Einfühlungsvermögen, die rückhaltlos ausgedrückte Leidenschaft und die bedingungslose Freiheitsliebe, von den Anhängern der neuen Geisteshaltung bewundert und gepriesen, stehen nun der barbarischen Ungeschicklichkeit, der unüberlegten Heftigkeit und dem anarchischen Individualismus gegenüber, die gewisse Gelehrte als hervorstechende keltische Charakterzüge glaubten definieren zu können. Man könnte in den von diesen widersprüchlichen Einschätzungen gezeichneten Beschreibungen der alten Kelten den Ursprung der vielfach ebenso einseitigen Beobachtungen und Beschreibungen von Fehlern oder Qualitäten der heutigen Völker suchen.

Beginn und Aufschwung einer keltischen Archäologie

Zu diesen literarischen und zweifellos sehr schemenhaften Vorstellungen, deren Einfluß jedoch noch heute andauert, gesellt sich in zunehmendem Maße eine konkretere Sicht der keltischen Kultur, die sich auf die materiellen Überreste stützt, die uns erhalten geblieben sind. Es gab zunächst eine lange Zeitspanne, in der ohne Unterschied alle Bauwerke und Gegenstände aus vorrömischer und vorchristlicher Vergangenheit den Kelten zugeschrieben wurden. In diesem Zeitraum entwickelte sich das malerische, aber falsche Bild der Druiden, der keltischen Priester, die zwischen den großen behauenen Steinblöcken mit seltsamen Geräten, die man den heidnischen Zeiten zuschreibt, ihren Gottesdienst vollziehen: Steinbeile aus der Jungsteinzeit, prunkvoller Schmuck aus der Bronzezeit und andere. Die Überzeugung, daß die Waffen aus Bronze zu den Galliern des letzten Jahrhunderts der Unabhängigkeit von den Römern gehören, verliert sich erst in der zweiten Hälfte des 19. Jahrhunderts. Die zufällige Entdeckung eines Lagers solcher Waffen auf dem Schlachtfeld von Alesia (1860) war damals der letzte Anstoß für die Entstehung eines anachronistischen Bilds der Gallier, das heute noch besteht.

Die einzige Gruppe von Ausgrabungsfunden, die ziemlich früh und zu Recht der keltischen Bevölkerung zur Zeit der römischen Eroberung zuerkannt wurde, besteht aus Münzen mit Inschriften von Namen von Völkern oder Einzelpersonen, die in den lateinischen Texten genannt werden. Die ersten einigermaßen genauen Darstellungen keltischer Münzen, die jedoch damals für römische gehalten wurden, tauchen zum frühen Beginn des 17. Jahrhunderts auf (W. Camden, 1600), und das 18. Jahrhundert liefert sehr originalgetreue Darstellungen von wichtigen Münzfunden. Diese frühen Arbeiten auf dem Gebiet der keltischen Münzwissenschaft geben dieser Disziplin einen beachtlichen Vorsprung vor dem Studium anderer Arten von Gegenständen: Der erste Atlas gallischer Münzen wurde 1840 in Brüssel von dem polnischen Gelehrten J. Lelewel entworfen, zu einem Zeitpunkt, als das System der drei Zeitalter – Steinzeit, Bronzezeit und Eisenzeit –, das von Ch. Thomsen zur Klassifizierung der umfangreichen Sammlungen dänischer Altertümer des Museums von Kopenhagen verwendet wurde, erst vier Jahre veröffentlicht war und diese Einteilung erst begann, die Aufmerksamkeit der wenigen Gelehrten auf sich zu ziehen, die sich für „Heidnische Altertümer" interessierten.

Die Archäologie der vorrömischen Zeit erfährt, trotz ihrer ziemlich zögernden Anfänge, ab der Mitte des 19. Jahrhunderts einen bemerkenswerten Aufschwung. Zu den Zeugnissen der antiken Autoren und zur literarischen Überlieferung der Inselkelten gesellt sich nun eine beachtliche Menge von Gegenständen und Informationen, deren Tragweite sehr bald die ursprüngliche Absicht der Forschungen überragt: eine Illustration gewisser Texte der klassischen Autoren zu liefern, die erste historische Dokumente für die inzwischen entstandenen Nationalstaaten und nationalen Gebiete waren. Eines der besten Beispiele für diese Vorgehensweise sind die Forschungen, die bei Napoleon III. durch Julius Cäsars „Über den gallischen Krieg" angeregt wurden und letztendlich zur Entdeckung von Alesia und zu den Grabungen in der Umgebung führten.

Der Wetteifer auf dem Gebiet der gallischen Archäologie, der sich auch in der Gründung des Musée des antiquités nationales (Museum für nationale Altertümer) in Saint-Germain-en-Laye (1862) ausdrückt, ist nun beachtlich. J. Bulliot beginnt 1867 mit den Ausgrabungen in der Umgebung von Bibracte – sie werden sich beinahe ein halbes Jahrhundert hinziehen und grundlegende Bedeutung für die keltische Archäologie haben –, Hauptort des mächtigen Volkes der Häduer; zur gleichen Zeit wird in Murcens im Departement Lot ein Bollwerk entdeckt, das genau der Beschreibung entspricht, die Cäsar von den Befestigungen von Avaricum gibt, der Hauptstadt der Bituriger, die heute von der Stadt Bourges überdeckt wird – und darüber hinaus gab es viele weitere Ausgrabungen. Gewisse Entdeckungen von größter Wichtigkeit sind Folge eines zufälligen Fundes: So graben die ortsansässigen Bauern von Stradonitz in Böhmen, angelockt durch einen Schatz von Goldmünzen, der 1877 bei Feldarbeiten ans Tageslicht gefördert wurde, einen Hügel vollständig um und verkaufen die Ausbeute von ungefähr zwanzigtausend Stücken an verschiedene Museen und Sammler.

Der systematische Vergleich der Informationen, die uns die alten Autoren über die Bevölkerung des westlichen Europa geben, mit den zahlreichen Funden, welche die Archäologie in eben diesen Gebieten entdeckt hat, erlaubt, aus den Altertümern der Eisenzeit jene herauszukennen, die zur keltischen Bevölkerung der Zeit griechischer und römischer Größe in den letzten fünf vorchristlichen Jahrhunderten gehören. Der schwedische Archäologe H. Hildebrand gibt dieser zweiten Hälfte der vorrömischen Eisenzeit den Namen „La Tène", den Flurnamen der Gegend, wo die Thielle den Neuenburger See verläßt. Dort wurde seit 1856 eine große Zahl von Waffen, Schmuck und verschiedenen Gebrauchsgegenständen unter der Wasseroberfläche gefunden. Auch heute noch trägt dieser Zeitabschnitt den Namen La-Tène-Zeit.

Das Bestehen einer Verbindung zwischen gewissen Arten von Gegenständen und den keltischen Bevölkerungen wird indessen schon damals von verschiedenen Archäologen erkannt. So identifizieren der französische Gelehrte G. de Mortillet und der Schweizer E. Desor auf dem internationalen Kongreß für vorgeschichtliche Anthropologie und Archäologie in Bologna, ohne zu zögern, unter den Materialien aus der Ausgrabung einer Etruskerstadt bei Marzabotto die Zeugnisse gallischer Herkunft. Die Möglichkeit, die verschiedenen keltischen Bevölkerungen, oder wenigstens die der Frühgeschichte, zu unterscheiden und sie, ausgehend von den archäologischen Funden, direkt zu studieren, hat grundlegende Folgen für die weiteren Forschungen. Es ist endlich möglich, die Verbreitung und die Bedeutung der keltischen Besiedlung in den mittleren und östlichen Regionen zu beurteilen, über die uns die alten Schriften nur eine begrenzte Zahl von Informationen geben, und somit eine vollständigere und ausgewogenere Vorstellung von der keltischen Zivilisation der jüngeren Eisenzeit zu gewinnen. In den letzten Jahrzehnten des 19. Jahrhunderts erscheint eine Fülle von Artikeln von größter Bedeutung, Marksteine eines bemerkenswert schnellen Fortschritts im Erkennen und in der Klassifikation der Materialien. Es erscheinen aber auch Monographien, die den keltischen Überresten auf ungarischem Gebiet gewidmet sind (F. Pulszky, 1879), der keltischen Ausbreitung in Italien und im Donauraum (A. Bertrand und S. Reinach, 1894), der keltischen Bevölkerung Böhmens (J.L. Pic, 1902 und 1903); mit der Veröffentlichung des monumentalen Gesamtüberblicks über die keltische Archäologie von J. U. Déchelette (1914) liegt ein Handbuch vor, das noch immer als grundlegend gelten kann.

Die Notwendigkeit, sich rasch an eine beträchtliche und ständig zunehmende Ansammlung von Funden anzupassen, gibt der keltischen Archäologie seit ihren Anfängen einen besonderen Charakter, dessen Folgen heute noch spürbar sind: Da die wichtigste Aufgabe die Beschreibung und Klassifizierung der Materialien ist, wird dieser Tätigkeit der Vorrang eingeräumt. Es ist eine Forschung, die in ihrer Art im Gegensatz zu der des Studiums der antiken oder mittelalterlichen Schriften steht, wo der Bestand an Dokumenten praktisch nicht zugenommen hat, die beschreibende Phase ziemlich schnell vorübergegangen ist und die Hauptanstrengungen auf Kritik und Interpretation hinauslaufen. Es entsteht so ein neues Ungleichgewicht, das weiterhin seinen Einfluß auf das Studium der alten Kelten ausübt: auf der einen Seite eine Fülle von materiellen Resten, die mit der hauptsächlichen Absicht erforscht werden, zu der feinstmöglichen formalen und zeitlichen Einteilung zu gelangen, andererseits geistige und gesellschaftliche Erscheinungen, die nach Schriften rekonstruiert werden, deren Menge und Qualität diese Versuche von vornherein nicht begünstigen und wo der Fachmann den chronologischen Gesichtspunkt allgemein gern vernachlässigt oder auf ein Minimum beschränkt.

Neben dem Kelten als historische Persönlichkeit, dem die Änderungen der Mode und die Entwicklung der Techniken einen mehr und mehr präzisen Platz in Raum und Zeit zuweisen, taucht nun ein unveränderlicher Kelte auf; was wir von dessen Geisteshaltung, Religion und Gesellschaftsordnung zu wissen glauben, ist das Ergebnis einer Kombination von Informationen, die im Verlauf von ungefähr tausend Jahren in sehr verschiedenen Regionen festgehalten worden sind. Diese beiden Kelten-Bilder sind nicht immer zur Deckung zu bringen, und so sind die ersten Versuche, die Ergebnisse und Erkenntnisse, welche die verschiedenen Disziplinen im Verlauf des 19. Jahrhunderts gewonnen haben, zu einem Gesamtbild zu vereinigen, von dieser Schwierigkeit stark gezeichnet (H. Hubert, 1931).

Probleme der Anthropologie und Sprachforschung

Gewisse Forschungen sind eine mehr oder weniger direkte Folge des Entstehens einer keltischen Archäologie. Die Grabungen und die Entdeckungen der Begräbnisstätten und Gräber der jüngeren Eisenzeit (La Tène) liefern in Fülle das notwendige Material für das anthropologische Studium der keltischen Bevölkerungen. Die ersten Ergebnisse, abgesichert durch spätere Untersuchungen, stellten jedoch, wenigstens was die Hoffnung auf Bestimmung der physischen Eigenarten einer „keltischen Rasse" betrifft, einen Mißerfolg dar: Die frühgeschichtlichen Kelten erscheinen unter diesem Gesichtspunkt genauso heterogen wie die augenblickliche Bevölkerung Innereuropas, und die Beschreibung, die uns die klassischen Autoren von den Kelten geben, entpuppt sich als eine Folge von klischeehaften Zügen, die vielleicht nicht einmal charakteristisch für die Mehrheit der Bevölkerung sind und für die Welt des Mittelmeerraumes fremdartig.

In Ermangelung eines wohldifferenzierten physischen Persönlichkeitsbildes findet sich das einzige eindeutige und unbestreitbare Merkmal für die ethnische Zugehörigkeit eines Kelten in der Sprache, die er spricht. Man muß dabei jedoch unterstreichen, daß die Kelten nur in bestimmten Gebieten eine Schrift hatten und daß die Zahl der Inschriften, die erhalten geblieben sind, minimal ist im Vergleich mit jener der griechisch-römischen Welt. Dennoch entwickeln sich seit Beginn der zweiten Hälfte des 19. Jahrhunderts die Sprachstudien und liefern in zunehmendem Maße nicht nur eine Vorstellung von der Struktur und der Entwicklung der keltischen Sprachen, sondern auch die Mittel, den Gebrauch einer keltischen Sprache in jenen Gebieten zu belegen, aus denen gerade kein geschriebenes Zeugnis erhalten ist: Man kann, ausgehend von den noch lebenden Sprachen auf den Inseln, zwischen den Namen der Orte unterscheiden, denen man einen keltischen Ursprung zuschreiben kann, selbst wenn ihre heutige Fassung nur weitläufig mit der ursprünglichen verwandt ist. Die geographische Verteilung dieser Ortsnamen – besonders in den Zonen, wo die Kelten offensichtlich mit anderen Völkern in Berührung kamen – erlaubt es, die Ergebnisse, welche die Archäologie liefert, zu verifizieren oder gegebenenfalls zu berichtigen.

Die Form der Gebrauchsgegenstände allein stellt kein hinreichendes Kriterium dar, um zwei benachbarte Volksgruppen verschiedener Sprache zu unterscheiden: Die Einheit der Kultur entspricht nicht notwendigerweise einer Einheit der Sprache, und man kann die Bezeichnung keltisch und La Tène sicher nicht als Synonyme betrachten. So kann der Begriff La-Tène-Kultur auch auf andere ethnische Gruppen angewendet werden, die von den frühgeschichtlichen Kelten beherrscht oder beeinflußt wurden. Andererseits folgt aus der Zugehörigkeit zur gleichen Sprachfamilie nicht notwendigerweise eine gemeinsame kulturelle Identität, besonders wenn es sich um isolierte Gruppen handelt: Man sieht dies sofort, wenn man die Kelten der Kultur von Golasecca, die seit langem in Norditalien (zwischen dem Po und den oberitalienischen Seen) heimisch geworden waren, die Kelten der Iberischen Halbinsel oder die hellenisierten Galater Kleinasiens betrachtet.

Der heutige Stand der Erforschung der frühgeschichtlichen Kelten, wie er sich bereits zwischen den beiden Weltkriegen abzeichnete, ist von wichtigen Änderungen sowohl bezüglich der Mittel als auch bezüglich des Geistes der Forschung geprägt. Man kann eine kontinuierliche Verfeinerung der Forschungsmethoden der Archäologie feststellen, einerseits dank der qualitativen und quantitativen Verbesserung der Grabungsmethoden, die eine bemerkenswerte Feinheit und Vielfalt erreicht haben, andererseits infolge neuer direkt auf die Überreste angewandter Analyseverfahren. Diese Methoden, die wir vornehmlich dem Fortschritt der Naturwissenschaften verdanken, erlauben eine genauere Datierung (Anwendung der Radiokarbonmethode, Abzählen von Jahresringen an den Hölzern bzw. Dendrochronologie); eine genauere Kenntnis der Herstellungstechniken gewisser Arten von Gegenständen (Analyse der metallischen Überreste, von Töpferwaren und anderen Dingen mit Hilfe verschiedener Vorgehensweisen) macht es möglich, wenigstens teilweise gewisse Aspekte der frühgeschichtlichen Umwelt zu rekonstruieren (Klima, Landschaft, angebaute Pflanzen, Tiere); und schließlich können durch ein Studium des anthropologischen Materials die Auswirkungen von Ernährung oder Krankheiten erkannt werden, ebenso wie die Verwandtschaft zwischen Einzelpersonen oder genetische Verbindungen zwischen Menschengruppen dank kürzlich entwickelter Methoden zur Bestimmung von Blutseren aus Knochenfunden feststellbar geworden sind. Die Zahl und die Qualität der im Verlauf einer Grabung oder bei der Untersuchung von Gegenständen gesammelten Informationen nehmen also beträchtlich zu, und die ausschlaggebende Rolle der Archäologie in der Erforschung der keltischen Frühgeschichte bestätigt sich immer eindeutiger.

Neue Wege der Interpretation

Die im 20. Jahrhundert entstandene Wissenschaft der Ethnologie und vor allem ihre neuen Konzeptionen im Studium der primitiven Völker hatten auf die Interpretation keltologischer Forschungsergebnisse beträchtliche Auswirkungen. Hatte man bisher, ausgehend von Vergleichen zwischen verschiedenen Gesellschaften, Wertmaßstäbe erarbeitet, die entsprechend der Vorstellung von einer bestimmten Art von Fortschritt zu einer Hierarchie führten, so neigt man jetzt im Gegenteil dazu, jede Kultur als ein zusammenhängendes, ausgewogenes und funktionelles System mit einer eigenen Physiognomie zu betrachten. Das heutige Konzept läuft natürlich darauf hinaus, die Vorstellung von einer Entwicklung oder von einem linearen und kontinuierlichen Fortschritt durch die einer Transformation oder Mutation zu ersetzen, und man ist heute unter diesem Gesichtspunkt davon überzeugt, daß die Änderung eines wichtigen Bestandteils im System einer Kultur über kurz oder lang unwiderruflich die Veränderung des Ganzen nach sich zieht.

Die Einführung dieser bis dahin auf die primitiven Gesellschaften angewandten Vorstellung in die Keltenforschung hat eine zweifache Folge: Einesteils entsteht die Überzeugung, daß die Phänomene der La-Tène-Kultur nicht in bezug auf ihre mediterranen Entsprechungen definiert werden müssen, sondern als eigenständige Äußerungen eines andersartigen Systems, also ohne einfache Gleichsetzungen. Auf der anderen Seite erscheint es immer offensichtlicher als eine übertriebene Vereinfachung, von einer einzigen und gleichartigen frühgeschichtlichen Zivilisation der Kelten zu sprechen. Wir haben es in Wirklichkeit mit mehreren in Raum und Zeit benachbarten keltischen Gemeinschaften zu tun. Diese Gemeinschaften sind aus aufeinanderfolgenden kulturellen, politischen oder soziologischen Umwälzungen hervorgegangen, welche ebenso durch innere wie durch äußere Ursachen hervorgerufen wurden; auffallend ist, daß sie dabei aber eine beständige Eigentümlichkeit bewahrt haben, eine Art Einheit des Geistes, die sich am stärksten in der Kontinuität der Sprache ausdrückt.

Das Studium der alten keltischen Kunst, das sich seit dem Erscheinen der grundlegenden Sammlung von P. Jacobsthal (1944) bemerkenswert weiterentwickelt hat, gestattet in dieser Hinsicht bedeutsame Feststellungen. Man kann tatsächlich beobachten, daß die frühgeschichtlichen Kelten mehrere plastische Ausdrucksformen entwickelten; jede dieser Formen ist zwar einer anderen Gemeinschaft zuzuordnen, aber im Vergleich mit den mediterranen Ausdrucksformen, aus denen sie reichlich Material und Inspiration schöpften, weisen alle diese verschiedenen künstlerischen Formen dennoch eine allen gemeinsame Eigenständigkeit auf. Es handelt sich bei diesen keltischen Plastiken nicht um eine einfache, mehr oder weniger geschickte Nachahmung von klassisch-antiken Vorbildern, sondern um die Erschaffung einer plastischen Sprache, die sich auf andere Regeln und geistige Vorstellungen stützt. Es ist beinahe sicher, daß das heutige Verständnis der ursprünglichen Wesenszüge und des nichtnaturalistischen latènischen Geistes und Formenkanons durch die Erfahrung der modernen Kunst vorbereitet und erleichtert worden ist, ohne die uns die Qualitäten dieser Kunst womöglich genauso entgangen wären wie unseren Vorgängern.

Unsere Vorstellung von den frühgeschichtlichen Kelten ist unbestreitbar komplexer und reichhaltiger, aber auch weniger scharf konturiert als jene Kelten-Bilder, die im Verlauf der früheren Jahrhunderte entstanden sind. Die offensichtlich oft widersprüchlichen und klischeehaften Vorstellungen, die uns in der früheren Keltenforschung begegnen, erscheinen heute als Ergebnis verschiedener Untersuchungen, die gewisse Gesichtspunkte auf Kosten anderer bevorzugten. Die Ursachen dieser Unterschiede sind sicher zahlreich, ihr gemeinsamer Nenner könnte auf die Schwierigkeit, wenn nicht die Unmöglichkeit zurückgeführt werden, die Vergangenheit anders als mit den Augen der Gegenwart zu sehen.

2.

Die Kelten zwischen Vorgeschichte und Geschichte

„Die Donau entspringt im Land der Kelten nahe der Stadt Pyrene und durchquert Europa, das sie in der Mitte durchtrennt."

Herodot, Historien II, 33

Kelten und Donauquelle – so werden seit dem 4. vorchristlichen Jahrhundert die vorherrschende Völkerschaft Mitteleuropas und das geographische Gebiet, das sie, wie die Archäologie beweist, bewohnten, miteinander in Verbindung gebracht. Dennoch hatte der Autor dieser Passage, der griechische Ethnograph und Historiker Herodot aus Kleinasien, wahrscheinlich selbst keine genaue Vorstellung vom Standort und von der Bedeutung der keltischen Völkerschaften. Tatsächlich siedelt er sie noch weiter, „außerhalb der Säulen des Herakles (Gibraltar)" an und gibt ihnen als Nachbarn die Kynesioi, „das letzte Volk im Westen Europas". Herodot verfügte vielleicht über Informationen aus verschiedenen Quellen bezüglich keltischer Gruppen, die einesteils auf der Iberischen Halbinsel angesiedelt waren – eine Volksgruppe dieses Namens wird dort in jüngeren Texten nahe am Atlantik lokalisiert –, andernteils im südwestlichen Teil des heutigen Deutschlands.

Die Wißbegierde bezüglich Geschichte und Geographie entwickelte sich zuerst bei den Griechen Kleinasiens, und es ist kaum erstaunlich, daß Mitteleuropa, das Homer den „Kimbern" und das man viel später dann den „Hyperboreern" zugeschrieben hatte, während langer Zeit ein nebulöses Gebiet mit ungewissen Grenzen blieb. Die beiden

Bezeichnungen „Kimbern“ und „Hyperboreer“, ebenso verallgemeinernd wie sagenumwoben, verdecken einen Mangel an Informationen über ethnische Gegebenheiten, die damals sicher schon so komplex waren wie in den besser bekannten späteren Zeiträumen.

Das Problem des Ursprungs der Kelten

Die schriftlosen europäischen Zivilisationen der älteren Eisenzeit und der Bronzezeit, die dank archäologischer Funde identifiziert wurden, bleiben in einem Dunkel, das die vergleichende Sprachwissenschaft und die Ortsnamenkunde nicht befriedigend erhellen können. Die Verbindung zwischen diesen in Zeit und Raum schlecht abgegrenzten ethnischen Gruppen mit den durch die Archäologie bekannten Zivilisationen ist im Augenblick um so schwieriger herzustellen, weil die Vorstellung von einer linearen Abstammung der einzelnen Völker und ihrer jeweiligen Kulturen voneinander in zunehmendem Maße durch die komplexe Kenntnis ihrer Entstehung ersetzt wird: Das Auftauchen einer neuen Kultur ist das Ergebnis des Zusammentreffens und der mehr oder weniger schnellen Vereinigung sehr verschiedener Faktoren – sprachlicher, demographischer, sozioökonomischer und anderer – an einem Ort und in einem Zeitraum, die günstig für die Entstehung eines neuen Systems sind. Es ist einsichtig, daß die Verkettung der Sprache unter diesen Bedingungen nicht notwendigerweise auch eine solche derjenigen Elemente mit sich bringt, die wir aufgrund der archäologischen Überreste rekonstruieren können. Die Situation erscheint noch schwieriger, wenn man die Möglichkeit einer gewissen Vielfalt der sprachlichen Erscheinungen in ein und derselben Zivilisation in Betracht zieht, die für diesen historischen Zeitabschnitt bestätigt ist und mit großer Wahrscheinlichkeit für die jüngere Eisenzeit der La-Tène-Kultur in Erwägung gezogen wird.

Es wäre also sicher unvorsichtig und voreilig, vorzugeben, nach den Ergebnissen der vergleichenden Sprachforschung ein auch nur annähernd genaues Bild von den Wechselfällen der keltischen Volksgruppen zu Beginn der Bronzezeit (Ende des 3. Jahrtausends) zeichnen zu können, zu jenem Zeitpunkt, wo sich die Kelten von anderen indoeuropäischen Gruppen getrennt haben. Es besteht keine vollständige Übereinstimmung zwischen den Ergebnissen der Sprachforschung und jenen der Archäologie bezüglich der Zeit vor dem 5. Jahrhundert v. Chr., in dem die ersten geschriebenen Zeugnisse auftauchen.

Schon die Ausdehnung der für diesen Zeitraum bestehenden Schlußfolgerungen auf die drei vorhergehenden Jahrhunderte (8. bis 6. Jahrhundert) der älteren Eisenzeit in Innereuropa stellt eine geläufige, aber von zahlreichen Unsicherheiten behaftete Hochrechnung dar. Die Einführung des Wortes Frühkelten als Bezeichnung der Völkerschaften, die archäologisch bekannt sind, bei denen wir aber keine Möglichkeit besitzen, ihnen die Verwendung der keltischen Sprache nachzuweisen, ist eine ebenso nutzlose wie gefährliche Täuschung: Sie erzeugt das Gefühl der Kenntnis eines Gebiets, das bis heute der Spekulation weiten Raum läßt.

Auf dieses Problem des Ursprungs stoßen wir aber nicht nur bei den frühgeschichtlichen Kelten, es stellt sich in Wahrheit, jedesmal etwas anders, bei allen großen Völkern der Antike: Griechen, Etruskern, Latinern ... Indessen hat die Einführung des Begriffs der „Entstehung" in das Studium der alten Zivilisationen die Frage nach dem Ursprung stark in den Hintergrund treten lassen, die noch vor wenigen Jahrzehnten als so wichtig galt. Es scheint in der Tat so, daß die weit zurückliegende Entwicklung eines einzigen der Faktoren, die an der Entstehung einer Kultur teilhaben, nur einen zweitrangigen Einfluß auf ihre Qualität haben kann.

Zentralkelten und Kelten der Randgebiete

Eine einzige Tatsache ist auf dem gegenwärtigen Stand unserer Kenntnis sicher: Keltisch sprechende Völkerschaften haben seit der Bronzezeit existiert, und sie haben, sei es durch ihre Zahl, ihre Macht oder ihre Tatkraft in zunehmendem Maße eine solche Bedeutung erlangt, daß sie sich nach mehr als einem Jahrtausend in weiten Gebieten Mitteleuropas durchgesetzt haben. Es ist anzunehmen, daß dieser einigermaßen komplexe Vorgang sich zu verschiedenen Zeitpunkten und nicht ohne die Eingliederung fremder kultureller Elemente oder die Einverleibung ethnischer Gruppen anderen Ursprungs abspielte. Die Kelten des 5. vorchristlichen Jahrhunderts bildeten wahrscheinlich eine ziemlich vielgestaltige Gruppierung um einen Kern, den die Volksstämme der Gebiete zwischen dem heutigen Burgund und dem heutigen Böhmen bildeten; es sind die Kelten der Donauquellen, wie sie Herodot vor Augen stellt. Unter den mehr oder weniger entfernten, isolierten und daher kulturell andersartigen Randgruppen sind die Kelten der Iberischen Halbinsel die einzigen aus dieser Epoche, die in den schriftlichen Quellen beschrieben werden. Heute kann man ihnen dank neuerer Erkenntnisse die Bevölkerung der Täler am Alpenrand oberhalb des heutigen Mailand hinzufügen: Die Inschriften mit Buchstaben, die sich aus dem etruskischen Alphabet herleiten, die in diesem Gebiet gefunden wurden, sind in einer Sprache keltischen Ursprungs geschrieben. Die ältesten dieser Dokumente aus Stein oder aus Keramik scheinen im Augenblick auf das 6. Jahrhundert zurückzugehen, aber die archaischen Züge dieser dem Gallischen verwandten Sprache erlauben ebenso wie die Kontinuität der Besiedlung, wie sie durch die archäologischen Funde bezeugt wird, die Annahme, daß das keltische Elemente hier bereits am Ende der Bronzezeit (also Anfang des 1. Jahrtausends v. Chr.) aufgetaucht ist.

Eine solche Situation deutet auf frühe Bevölkerungsverschiebungen hin, von denen manche vielleicht bis auf die Bronzezeit zurückgehen. Die wenigen archäologischen Zeugnisse, die zur Verfügung stehen, reichen nicht aus, diese sich verschiebenden Beeinflussungen, die neue Sitten und Techniken vermittelten, zu unterscheiden.

Natürliche Umwelt und Viehwirtschaft

Der Teil Mitteleuropas, der als die Wiege der keltischen Völker betrachtet werden kann, erstreckt sich von den nördlichen Ebenen bis zu den Alpen; er besitzt bestimmte Eigenheiten, die natürlich die Lebensweise der Bewohner beeinflußt haben: Es sind im wesentlichen Regionen mit mehr oder weniger ausgeprägtem Bodenprofil, von Wasserläufen durchfurcht, deren wichtigste uralte Verkehrs- und Handelswege darstellen; die Bewaldung war sehr beträchtlich, aber andererseits war der Anteil der Böden, der durch eine schlecht ausgerüstete Landwirtschaft hätte bewirtschaftet werden können, verhältnismäßig klein.

Solche Bedingungen führten schon in der Bronzezeit, wie die archäologischen Funde in diesen Gebieten bezeugen, zu einer sehr wichtigen Rolle der Viehzucht. Es handelt sich bei der Bevölkerung dieses Raumes dennoch nicht, wie manchmal behauptet wird, um Nomadenvölker auf dem Weg, seßhaft zu werden: Die Beibehaltung ihrer Begräbnisstätten über mehr als zehn Generationen hinweg, das Festhalten an bestimmten lokalen Traditionen in Formgebung und Gestaltung von Töpferwaren wie auch andere Rückschlüsse, die aus dem archäologischen Material gezogen werden, bezeugen uns die Existenz fester, mit einem bestimmten, klar begrenzten Gebiet eng verwachsener Gruppen; die Beweglichkeit der Herden und der sie begleitenden Hirten zog also keine Unbeständigkeit der Wohnorte der Lebenden oder der Totenstätten nach sich. Dies scheint um so wahrscheinlicher, als die Viehzucht nicht die einzige Quelle für den Lebensunterhalt gewesen zu sein scheint und weil zahlreiche Argumente für die Existenz eines ergänzenden Getreideanbaus sprechen.

Die beachtliche Rolle, welche die Aufzucht von Groß- und Kleinvieh in der Wirtschaft dieser Völker spielte, hatte unbestreitbar ebenso direkte wie indirekte Auswirkungen auf die Entwicklung der Gesellschaftsstruktur. Sie ist wahrscheinlich einer der Faktoren, welche die frühgeschichtlichen Kelten mit besonderer Tatkraft ausstatteten und ihre Verbreitung begünstigten. Denn diese gemischte Wirtschaftsform erlaubt tatsächlich eine schnelle Festsetzung von Volksgruppen selbst in Gebieten, die keine intensive landwirtschaftliche Nutzung erlauben, weil der Viehbestand ein Mittel zum Lebensunterhalt darstellt, das seinem Besitzer ohne Schwierigkeiten auf seinen Zügen folgt.

Art und Ursachen der keltischen Ausbreitung

Man kann sich vorstellen, daß ein Teil der Ausbreitung der Kelten sich von Beginn an in der Form einer Nutzbarmachung von Landstrichen vollzieht, die von der jeweiligen örtlichen Bevölkerung nicht genutzt werden. Das keltische Übergewicht in bestimmten Gebieten könnte also eher die Folge wiederholten Eindringens kleiner Gruppen zwischen die eingeborene Bevölkerung und ihres späteren Aufblühens am Ort sein als die einer plötzlichen und kriegerischen Eroberung. Der Hauptbeweggrund für die notwendige Ausbreitung, welcher die keltischen Völkerschaften der frühgeschichtlichen Zeit auszeichnet, muß sicher auch in dieser besonderen Art von Agrarwirtschaft gesucht werden, die es nicht erlaubt, die Mittel für den Lebensunterhalt, der vor allem vom Viehbestand abhing, entsprechend dem Bevölkerungswachstum zu vermehren, ohne eine territoriale Ausdehnung vorzunehmen.

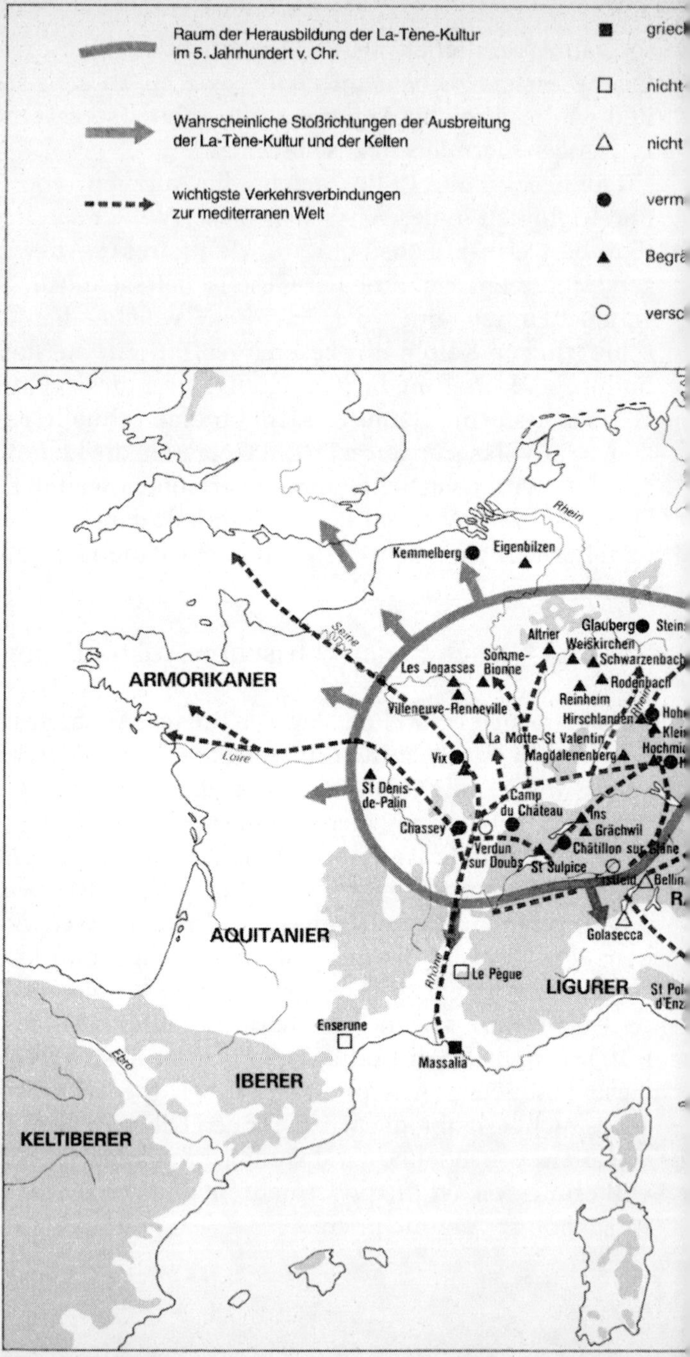
Raum der Herausbildung der La-Tène-Kultur im 5. Jahrhundert v. Chr.
Wahrscheinliche Stoßrichtungen der Ausbreitung der La-Tène-Kultur und der Kelten
wichtigste Verkehrsverbindungen zur mediterranen Welt
Rhein
Kemmelberg
Eigenbilzen
Seine
Glauberg
Altrier
Weiskirchen
Schwarzenbach
Somme-Bionne
Les Jogasses
Rodenbach
Reinheim
ARMORIKANER
Villeneuve-Renneville
Hirschlanden
La Motte-St Valentin
Loire
Vix
Magdalenenberg
St Denis-de-Palin
Camp du Château
Ins
Chassey
Grächwil
Verdun sur Doubs
Châtillon sur Glâne
St Sulpice
Golasecca
AQUITANIER
Rhône
Le Pègue
LIGURER
Enserune
Massalia
Ebro
IBERER
KELTIBERER

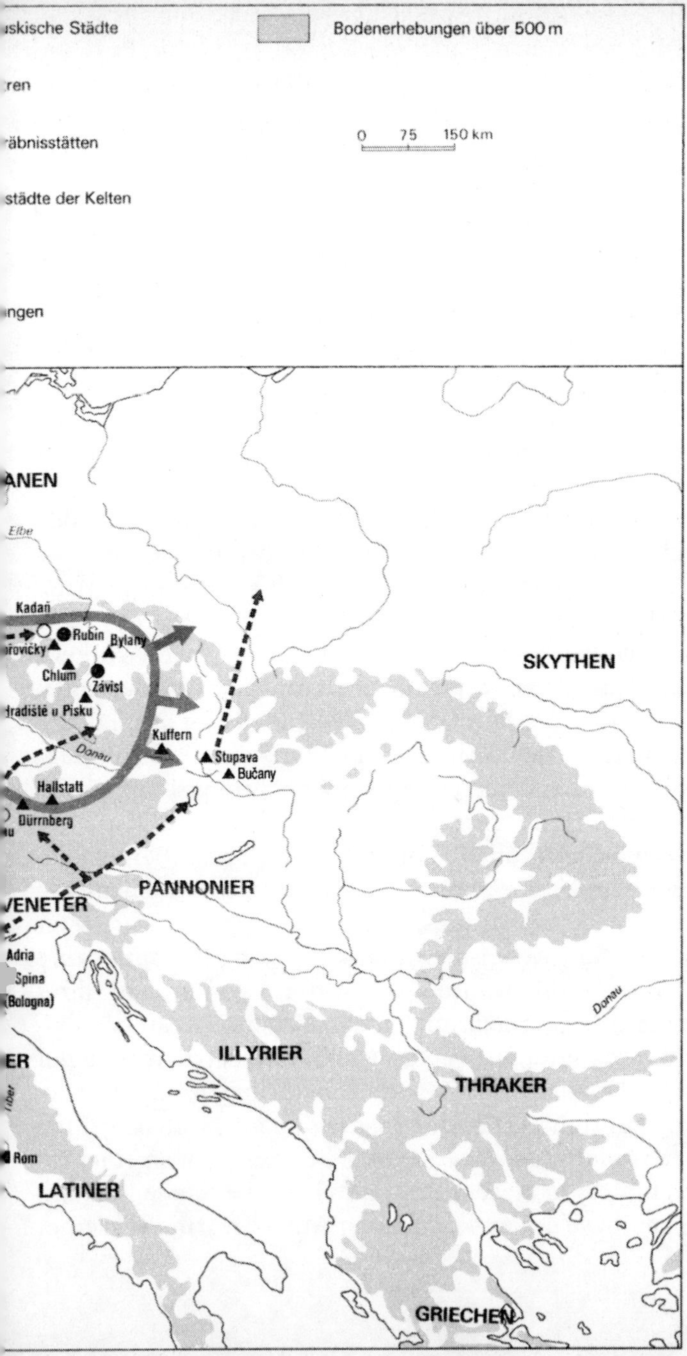
skische Städte
Bodenerhebungen über 500 m
ren
räbnisstätten
0 75 150 km
städte der Kelten
ngen
ANEN
Elbe
Kadaň
Rubin
Bylany
rovičky
Chlum
Závist
radiště u Pisku
Donau
Kuffern
Stupava
Bučany
Hallstatt
Dürrnberg
SKYTHEN
PANNONIER
VENETER
Adria
Spina
(Bologna)
Donau
ILLYRIER
ER
Tiber
THRAKER
Rom
LATINER
GRIECHEN

Zumindest in den mittleren Regionen, wo die Bevölkerung sich zweifellos schnell auf einem im Verhältnis zu den örtlichen Lebensbedingungen optimalen Niveau einpendelte, war eine solche räumliche Ausdehnung nur auf Kosten einer benachbarten Volksgruppe möglich. Dies war nicht immer ohne Schwierigkeiten zu verwirklichen und konnte das Problem des Bevölkerungsüberschusses ebensowenig endgültig lösen wie Beutezüge, die auf Vieh aus waren, und andere gelegentliche Notbehelfe.

Es gibt zur Zeit kein Argument, das es uns gestattet, bei den Kelten die Existenz eines Mechanismus zur Beibehaltung des Status quo durch Beseitigung des Bevölkerungsüberschusses zu unterstellen, der dem „ver sacrum" gewisser Hirtenvölker Italiens vergleichbar ist: Bei Hungersnöten oder Epidemien wurden die Kinder, die im darauffolgenden Frühjahr geboren werden sollten, den Göttern geweiht und, wenn sie erwachsen waren, gemeinsam auf die Suche nach neuem Land geschickt.

Es ist jedoch möglich, daß das Auftauchen von Völkern gleichen Namens an verschiedenen und entfernt liegenden Orten, wie es die Besetzung Norditaliens zu Beginn des 4. Jahrhunderts deutlich zeigt, Ergebnis einer Zusammenfassung von Auswanderern zu großen Stammesgruppen ist. Die gesammelten Informationen über die letzte Phase der Ausbreitung im 4. und 3. Jahrhundert v. Chr. scheinen diese Hypothese zu unterstützen; sie deuten aber auch auf die Existenz von Eroberungszügen auf sehr viel breiterer Grundlage hin, wobei die Eindringlinge nicht immer ihre alten Stammesidentitäten bewahrten, sondern an ihrer Stelle Gattungsbezeichnungen annahmen. Das archäologische Material erlaubt weder, den Organisiertheitsgrad der vermutlich keltischen Bevölkerungsgruppen der Bronzezeit zu ermitteln, noch läßt es erkennen, in welchem Maß die Ausbreitung, ausgehend von Stammesgruppen einer gewissen Größe, in diesem Zeitraum hätte beginnen können. Die Hypothese des zunehmenden Ausschwärmens kleiner

Gruppen scheint daher nach dem jetzigen Forschungsstand für die Anfangsphase der Verbreitung der frühgeschichtlichen Kelten zuzutreffen.

Eine neue Gesellschaftsordnung, die Fürsten

Zwei Erscheinungen verändern die Sachlage in Mitteleuropa im 7. und 6. Jahrhundert v. Chr. radikal: das Auftauchen einer Eisenbewaffnung und das Aufblühen einer städtischen Zivilisation in gewissen Regionen des nördlichen Mittelmeers.

Die Kunst der Metallverarbeitung hatte bis zu diesem Zeitpunkt bei den vermutlich keltischen Bevölkerungsgruppen des zentralen Gebiets keinen solch außerordentlich hohen Grad der Entwicklung erreicht wie in den fortgeschrittenen karpatischen oder atlantischen Zivilisationen der Bronzezeit, vielleicht aufgrund des Mangels an Kupfer und Zinn in Mitteleuropa. Beim Eisen ist die Sachlage anders, denn es gibt an zahlreichen Orten leicht auszubeutende Vorkommen; so beginnt der Aufschwung einer Eisenproduktion, die im 6. Jahrhundert ein bemerkenswertes Ausmaß erreicht. Diese Tatsache wird durch eine Anekdote unterstrichen, in der Plinius der Ältere erzählt, daß ein gallischer Schmied anfangs des 4. Jahrhunderts, nachdem er in Rom gearbeitet hatte, in seine Heimat zurückgekehrt und seine Landsleute auf die Eroberung Italiens vorbereitet. Der geschichtliche Wert dieser Passage ist sehr bestreitbar, aber sie spiegelt nichtsdestoweniger die bevorzugte, höchst angesehene Stellung, welche die Meister der Eisenverarbeitung bei den Kelten innehatten, und das hohe Ansehen ihres Berufs in der antiken Welt wider.

Die Kriegerschicht, die sich zweifellos während der Bronzezeit gebildet hat, um die Verteidigung der Herden sicherzustellen – eine Frage des Überlebens für eine Hirtengemeinschaft –, wird nun in der Eisenzeit mit einer Bewaffnung von großer Widerstandsfähigkeit und Wirksamkeit versehen, die dem Krieger künftig einen vorherrschenden Platz in der Gesellschaft sichert.

Wie jede bedeutende technische Neuerung verbreitet sich der Besitz von Eisenwaffen, der oft – wie wir aus den Gräbern wissen – mit dem eines Pferdes verbunden war, jedoch nicht sofort gleichmäßig, und diese neuen Waffen stellen zunächst das Vorrecht gewisser Gruppen oder Einzelpersonen dar. Diese Sachlage verstärkt und beschleunigt einen Prozeß der Differenzierung, der bereits lange vor dem Ende der Bronzezeit begonnen hat. Denn etwa seit dem 8. Jahrhundert taucht eine Aristokratie auf, deren gesellschaftliche Stellung innerhalb der Gruppe zweifellos auf dem erblich gewordenen Besitz einer Viehmenge beruht, die größer war als beim Durchschnitt der Bevölkerung. Die Möglichkeit, sich der Dienste von beweglichen und gutbewaffneten Kriegern zu versichern, die nicht nur fähig waren, den Viehbestand zu verteidigen, sondern ihn auch zu entfernten Auftrieben begleiten und das Vieh durch geschickte Beutezüge vermehren konnten, gibt den bessergestellten und unternehmungslustigeren dieser Herren einen Reichtum und ein gesellschaftliches Ansehen, die die Bezeichnung „Fürsten", welche die Archäologen für sie verwenden, vollständig rechtfertigen. Wir können heute den Ausdruck ihrer bevorzugten Stellung nicht nur in der außergewöhnlichen Art des Hausrats erkennen, der ihnen in ihre letzte Ruhestätte mitgegeben wird, sondern auch in den Begräbnisritualen, die ihnen vorbehalten sind und die mit den Begräbnissen der Könige und Helden im Griechenland Homers und mit den entsprechenden Zeremonien der Skythen, von denen Herodot eine genaue Beschreibung gegeben hat, zahlreiche Züge gemeinsam haben.

Das charakteristischste Merkmal eines solchen Fürstengrabes ist die Verwendung eines Karrens mit vier Rädern, auf dem die sterbliche Hülle in einer Prozession bis zur monumentalen Grabstätte gebracht wird: Diese besteht aus einer Grabkammer, in die der Verstorbene mit seinem Karren und all den Gegenständen gebracht wird, die ihm gestatten, im Reich der Toten seinen Rang und sein Ansehen wiederzuerlangen; das Ganze wird danach mit einem Grabhügel aus Steinen und Erde bedeckt.

Das monumentale Hügelgrab auf dem Magdalenenberg

Mit die reichsten Informationen über eine Grabstätte dieser Art liefern unbestreitbar die seit 1970 beispielhaft durchgeführten Grabungen an einem der größten in Mittel- und Westeuropa bekannten Grabhügel, dem Magdalenenberg nahe Villingen im Schwarzwald oberhalb des Flüßchens Brigach, die ein paar Kilometer flußabwärts zusammen mit der Breg die Donau entstehen läßt. Hier wurde eine Anzahl von gut erhaltenen Holzteilen gefunden, unter ihnen der untere Teil der zentralen Grabkammer mit eindrucksvollen Ausmaßen, sechs auf acht Meter, die aus vierkantig behauenen, mehr als hundert Jahre alten Eichenstämmen gebaut war. Diese Überreste wurden dendrochronologisch untersucht, wobei durch die Identifizierung der Veränderungen, die an den Jahresringen des Baums ablesbar sind, sowohl das Alter des Holzes wie auch der Zeitraum, in dem er gewachsen ist, bestimmt werden können. Die allgemeine Zeitfolge, wie sie ausgehend von zahlreichen Funden im westlichen Deutschland aufgestellt worden ist, erlaubt gegenwärtig, diese Veränderungen der Jahresringe vom Mittelalter bis ins Jahr 743 v. Chr. zurückzuverfolgen. So erlaubt die Bestimmung der genauen Daten, wann die Bäume, die im Grabhügel verwendet wurden, gefällt worden sind, ein Bild von der Entstehung und der Geschichte einer Grabstätte dieser Art mit einer solchen Genauigkeit zu zeichnen, wie sie bis dahin nie erreicht wurde.

Wir wissen nicht viel über den „Fürsten“, dessen Tod im

Herbst des Jahres 551 v. Chr. zum Bau dieses monumentalen Hügelgrabes von 102 Metern Durchmesser, wenigstens acht Metern Höhe und ungefähr 46000 Kubikmetern Volumen geführt hat. Plünderer, die im Inneren der Grabkammer drei Schaufeln aus Tannenholz zurückließen, drangen fast fünfzig Jahre später (ungefähr um 504) ein; ein anderer Plünderungsversuch – auch dieses Mal ließen die Eindringlinge ihr Holzwerkzeug zurück – fand gegen 367 v. Chr. statt. Als bei den ersten Ausgrabungen am Grabhügel 1890 der mittlere Teil aufgedeckt wurde, fand man daher nur gewisse Holz- und Metallteile des Karrens und einige kleine, wenig charakteristische Gegenstände aus Bronze. Die Raffgier der Plünderer – die ersten hätten Zeitgenossen der Personen sein können, die an der Begräbniszeremonie teilgenommen haben – und die Vergleiche mit zwar ähnlichen, aber weniger imposanten Grabstätten, die nicht das gleiche Schicksal erlitten haben, erlauben die Vermutung, daß der Reichtum des Inhalts der Größe des Monuments angemessen war.

Die Grabkammer und ein teilweise erhaltener, holzgezimmerter Gang, der zu ihr führte, wurden also im Jahr 551 vermutlich gegen Ende Herbst gebaut; der Grabhügel selbst wurde vom Frühling des nächsten Jahres an über fünf Jahre in Etappen aufgeführt. Diese genauen Angaben liefert die dendrochronologische Datierung der Pfähle, die an mehreren Stellen des Hügelgrabs in Reihen aufgestellt waren und als Markierungen zum Beginn und zum Ende der Arbeiten dienten. Man schätzt die jährliche Zunahme des Grabhügels während dieses Zeitraumes auf ungefähr 4000 Kubikmeter. Es handelt sich also um ein beachtliches Unterfangen, das regelmäßig während einer bestimmten Zeit im Jahr den Einsatz von zahlreichen Arbeitern erforderte. Die Vermutung, Gefangene oder Sklaven seien zu unaufhörlicher Arbeit zum Ruhm des „Fürsten" gezwungen worden, scheint sich nicht durchzusetzen, und es ist auch wahrscheinlicher, daß es sich um eine freiwillige Gemeinschaftsarbeit der Gruppe handelt, in der diese Person hohes Ansehen genoß. Das Ausmaß dieses Ansehens richtete sich wahrscheinlich nicht nach der Macht des „Fürsten" zur Unterdrückung, sondern nach der Großzügigkeit, mit der er vor allem anläßlich von Festgelagen einen Teil des Reichtums, der ihm aufgrund seiner bevorzugten Stellung zukam, in Form von Vergnügungen und Geschenken austeilte. Diese Hypothese scheint durch die irischen Texte erhärtet zu werden, in denen eine Gesellschaft beschrieben wird, die zahlreiche Übereinstimmungen mit der keltischen Gesellschaft der älteren Eisenzeit aufweist, wie wir sie aus den archäologischen Funden rekonstruieren können. In der Mehrzahl der primitiven Gemeinschaften ist diese Umverteilung des Reichtums ein grundlegendes Prinzip: Die legendären irischen Könige mußten bei ihrer Thronbesteigung bestimmte Bedingungen anerkennen, deren Nichterfüllung ihren Untertanen das Recht gab, ihre Abdankung zu fordern.

Man kann sich vorstellen, daß der „Fürst" des Magdalenenbergs seinen Pflichten in besonders beispielhafter Weise nachkam, denn das außergewöhnliche Denkmal, das für seinen Eintritt in das Reich der Toten errichtet worden war, enthielt noch weitere einhundertsechsundzwanzig Gräber, die in respektvollem Abstand in mehreren Reihen um die Grabkammer herum angeordnet waren. Nur drei von ihnen konnten mit Hilfe der Bretter, auf denen die sterblichen Überreste gebettet waren, genau datiert werden: das Jahr 536 für zwei benachbarte und das Jahr 525 für das fünfzig Meter entfernt liegende dritte Grab. Diese drei Gräber gehören zum inneren, der zentralen Kammer nächstliegenden Kreis, der zur ersten Phase der weiteren Nutzung des Hügelgrabes gehört, die wahrscheinlich kurz nach seiner Fertigstellung begonnen hat. Die Bestattungen wurden anschließend während eines so langen Zeitraums fortgesetzt, bis alle die, die jene Persönlichkeit, jenen „Fürsten" der Lebenden, der nun ein Fürst der Toten und Beschützer der nachfolgenden Generationen in der Welt des Jenseits war, persönlich hätten kennen können, verschwunden waren.

Der Fürst von Hochdorf

Im Jahre 1977 wurde in der Umgebung von Stuttgart ein neues bemerkenswertes Grab entdeckt, das dann in den beiden folgenden Jahren mit allen Mitteln und Verfahren erforscht wurde, die der modernen Archäologie zur Verfügung stehen. Es liegt in einer Gegend, in der man bereits eine ganze Reihe von Fürstengräbern gefunden hat, Grabstätten jener Oberschicht, die ihr Zentrum in der Festung von Hohenasperg hatte.

Die Grabkammer befand sich im Zentrum eines Grabhügels von etwa vierzig Metern Durchmesser; seine Erhebung ist heute kaum noch zu erkennen, aber sein Umfang ist durch eine Grundmauer markiert, die ohne Mörtel gebaut und durch senkrechte Pfähle verstärkt ist. Die Grabstätte selbst besteht aus zwei ineinandergefügten quadratischen Kammern (7,4 x 7,5 m und 4,7 x 4,7 m); der Zwischenraum war mit Steinblöcken angefüllt, so daß das Grab selbst optimal geschützt war.

Der Grabhügel war im Prinzip unversehrt geblieben und enthielt eine ungewöhnlich reiche Ausstattung: Der Verstorbene, ein etwa vierzig Jahre alter Mann, lag ausgestreckt auf einem prächtigen Ruhebett aus Bronze, das vermutlich in Norditalien, bei den Kelten der Golasecca-Kultur, hergestellt worden war; es stand an der westlichen Wand der Kammer, und zwar so, daß der Kopf des Toten nach Süden gerichtet war. Der Verstorbene trug reichen Goldschmuck (Halsring, Armreif, Fibeln, Gürtel), der eigens für das Begräbnis hergestellt worden war – man hat Spuren der Werkstatt gefunden, die offenbar an Ort und Stelle gearbeitet hat –, und sogar die Schuhe (mit nach oben gebogener Spitze) waren mit dünnen Goldplatten beschlagen, die durch Verzierungen in getriebener Arbeit geschmückt waren. Bewaffnet war er mit einem Dolch in einer Scheide aus Bronze, die ebenfalls eigens mit Goldplatten beschlagen worden war. Neben ihm lag ein Köcher mit Pfeilen sowie ein Bogen. Der Kopf war mit einem Hut aus Birkenrinde bedeckt, der mit Goldblechen mit fein gearbeiteten Punzmustern geschmückt war. Am einen Ende der Liege, bei den Füßen des Verstorbenen, fand man einen importierten großen Bronzekessel, der am Rand mit drei kleinen Löwenstatuen verziert ist. Er stammt vermutlich aus Tarent – mit Ausnahme eines der Löwen, der wohl an Ort und Stelle neu hergestellt worden ist. Er enthielt Spuren (in Form von Pollen) eines honighaltigen Getränks (Met oder mit Honig versetzter Wein) und eine goldene Trinkschale. An der Südwand, die vermutlich mit einem von Fibeln gehaltenen Behang verkleidet war, hingen neun Trinkhörner, darunter ein sehr großes (mit mehr als einem Meter Länge), das ganz aus Eisen bestand, während es sich bei den anderen um Rinderhörner mit Fassungen aus Bronze und Gold handelt. Ein prächtiger vierrädriger Wagen, der vollständig mit fein gearbeitetem Eisenblech überzogen war, stand parallel zu der östlichen Wand. Auf diesem Wagen lag die Ausrüstung für ein Festmahl: neun Teller und drei Becken, alle aus Bronze, sowie eine eiserne Axt und ein großes Fleischmesser; an dieser Stelle befand sich außerdem eine Lanzenspitze, ferner Teile aus dem Geschirr zweier Pferde, das Joch und ein Sporn. Der Boden der Grabkammer war mit Blumen bestreut worden. Die Grabstätte von Hochdorf (die sich auf etwa 530 v. Chr. datieren läßt) illustriert also nicht nur die Vielfalt und die Pracht der (am Ort hergestellten oder importierten) Beigaben, die sicherlich auch dem Verstorbenen vom Magdalenenberg mitgegeben worden sind; sondern sie zeigt auch zahlreiche Einzelheiten der Zeremonie, die den Übergang dieser wichtigen Persönlichkeit in die andere Welt vorbereiten sollte.

Handel mit dem Mittelmeerraum und dessen Wein

Eines der Nebengräber des Magdalenenbergs enthielt einen Gegenstand, der eine kleine Sensation unter den Archäologen auslöste: eine Gürtelschnalle vom iberischen Typ, ein einzigartiger und unbestreitbarer Beweis für einen direkten Kontakt zwischen der Iberischen Halbinsel und dem Zentrum Europas in der älteren Eisenzeit. Diese Tatsache ist zwar zunächst außergewöhnlich, aber zahlreiche Funde bestätigen das Bestehen geregelter Beziehungen mit anderen Gegenden des westlichen Mittelmeers, wo sich damals die städtischen Zentren der Griechen und Etrusker entwickelten. Die Überlieferung gibt an, daß ungefähr ein halbes Jahrhundert vor dem Tod des „Fürsten" des Magdalenenbergs die phokäische Kolonie Massilia (Marseille) an strategischer Stelle am Auslauf des Rhonetals gegründet worden sei. Um die gleiche Zeit exportieren bereits etruskische und italienische Händler, Erben einer jahrhundertealten Handelstradition mit den Gebieten jenseits der Alpen, Luxusgüter in den Norden, die dazu bestimmt waren, das Ansehen der örtlichen Häuptlinge zu erhöhen. Seit dem Beginn des 6. Jahrhunderts scheint die hauptsächliche Handelsware der Wein gewesen zu sein: Bronzegefäße, die zu seinem Verzehr dienten, tauchen in Gräbern aus dieser Zeit jenseits der Alpen auf. Nachdem der Wein im Verlauf der zweiten Hälfte des 6. Jahrhunderts notwendiger Bestandteil der von den „Fürsten" veranstalteten Festmähler wird, entwikkelt sich der Genuß von Wein und der Besitz entsprechender Gefäße zum eigentlichen Merkmal der gesellschaftlichen Stellung dieser Persönlichkeiten. Die Gerätschaften, die zum Genuß des starken und gewürzten, von Winzern in Etrurien oder in griechischen Siedlungen erzeugten Weins dienten – Gefäße, in denen er mit Wasser gemischt wurde, Seiher, mit denen die Verunreinigungen entfernt wurden, Krüge, um ihn zu servieren, Becher oder andere

Gefäße, um ihn zu trinken –, stellen wegen ihrer Zahl und Qualität unbestreitbar die wesentlichen unvergänglichen Erzeugnisse dar, die aus dem Mittelmeerraum eingeführt wurden. Unter ihnen finden sich absolut herausragende Stücke, sei es der Kratér (Mischkrug), der in Vix in Burgund gefunden wurde, oder die Hydra von Grächwil in der Schweiz.

Aus bestimmten anderen Fürstengräbern stammen auch etruskische Schmuckstücke (Ins in der Schweiz), fein geschnitzte, teilweise mit Bernstein eingelegte Gegenstände aus Knochen und Elfenbein griechisch-etruskischen und syrisch-phönizischen Ursprungs ("Grafenbühl" genanntes Hügelgrab bei Asperg in der Umgebung von Stuttgart) und endlich die Überreste von seidenbestickten Geweben (Hügelgrab mit dem Namen „Hochmichele" nahe der Festung Heuneburg an der Donau), deren Vorhandensein die Möglichkeit von Beziehungen zu China andeutet, die aber sicher nur sporadisch und jedenfalls indirekt waren. Dieser letzte Fund stellt das überzeugendste archäologische Indiz für einen möglichen Handel mit aufwendigem Tuch dar, aber das Fehlen weiterer Bruchstücke erlaubt uns leider nicht, seine Bedeutung genau abzuschätzen.

Es ist weitaus schwieriger, die von den „Fürsten" und ihrer Umgebung im Tausch für diese kostbaren Handelswaren gelieferte Gegenleistung zu ermitteln. Allgemein wird angenommen, daß es sich um für die Produktion der Werkstätten in Griechenland und Etrurien unverzichtbare Rohstoffe handeln mußte – britannisches Zinn, baltischen Bernstein, Kupfer aus den Alpen oder Gold aus den zahlreichen Wasserläufen Mitteleuropas – und möglicherweise sogar um Sklaven. Uns fehlen jedoch Berichte, die ausführlich genug sind, um mehr als eine Hypothese wagen zu können und die Tauschmechanismen besser zu verstehen.

Wie aber immer die genaue Natur der Beziehungen war, ihre Entwicklung bevorzugte die Gruppen, welche die strategischen Punkte des Verkehrs zwischen Mitteleuropa und den mediterranen Zentren kontrollierten. Man kann sich daher vorstellen, daß eine solche Sachlage eine wachsende Differenzierung und ein ausgeprägtes Ungleichgewicht zwischen den Bevölkerungsgruppen hervorrief, deren erste Folge wahrscheinlich die Notwendigkeit war, die Verteidigung dieser Reichtum schaffenden Vorrechte zu sichern.

Die Festungen des 6. Jahrhunderts

Das auffallendste Anzeichen für diesen Sachverhalt ist die Verlagerung der Wohnstätten auf günstig gelegene oder durch mächtige Befestigungen geschützte Anhöhen um die Mitte des 6. Jahrhunderts. Diese Festungen mit verhältnismäßig kleiner Grundfläche (ein bis drei Hektar) wurden sehr schnell Sitz der nachfolgenden Generationen der Fürsten und ihrer Umgebung, die aus den Rast- und Tauschplätzen der Fernhandelsstraßen und aus den lokal interessanten Märkten, um die herum sich ein spezialisiertes Handwerk entwickelt hatte, in diese Festungen übersiedelten. Die Produktion, die sicherlich durch die importierten Gegenstände und technischen Neuerungen angeregt wurde, zeichnet sich durch einen bemerkenswerten qualitativen Fortschritt aus, versucht aber nicht, die mediterranen Gegenstände nachzuahmen. Unter den zahlreichen Orten dieser Art, die wir heute kennen (Camp de Chassey, Mont Lassois nahe bei Vix, Camp du Château bei Salins, Hohenasperg in der Umgebung von Stuttgart und der Marienberg von Würzburg), hat die Heuneburg, nahe bei Sigmaringen auf einer kleinen Anhöhe gelegen, zu deren Füßen die Donau fließt, dank der bemerkenswerten Qualität und dem großen Umfang der Ausgrabungen die vollständigste Information geliefert. Wie es auch für entsprechende andere Örtlichkeiten der Fall zu sein scheint, ist diese Festung von einer Reihe von Begräbnisstätten mit einer Folge von Fürstengräbern umgeben, die auf die Existenz einer lange Zeit hier bestehenden Dynastie hinweist. Dieser Platz verdankte seine Wichtigkeit zweifellos einem Weg, der von der jungen Donau über die Schweiz in das nördliche Italien und ins Rhonetal führte. Man fand hier tatsächlich Bruchstücke charakteristischer Töpferwaren aus diesen beiden Gebieten sowie Bruchstücke einer Gußform für den Henkel eines Bronzekrugs. Diese letzte Entdeckung deutet auf das – wenn auch vielleicht nur zeitweise – Bestehen eines in Etrurien entstandenen Handwerks hin. Dennoch ist der bemerkenswerteste Ausdruck für die direkten mediterranen Einflüsse, die an diesem Ort wirkten, unter den fortlaufenden Wiederaufbauten der Befestigungen zu finden. Denn bei dieser Gelegenheit wurde das traditionelle Bollwerk aus Holz, Erde und Steinen durch eine festere Mauer aus Lehmziegeln auf einem Unterbau aus sorgfältig zugerichteten kantigen Steinen ersetzt. Die andere, völlig ungewöhnliche Eigenart dieser Befestigung ist eine Folge von Bastionen mit viereckigem Grundriß auf einer der Seiten. Diese Art der Anordnung und die übrigens wenig an die örtlichen Bedingungen angepaßte Bautechnik findet sich sonst lediglich in der griechischen Befestigungsbauweise dieser Zeit. Man kann aus diesen Tatsachen fast sicher ableiten, daß die Arbeiten am Wiederaufbau von einem Fachmann aus dem Mittelmeerraum geleitet wurden.

Man kennt bis jetzt keinen anderen ähnlichen Fall von Einsickerung mediterraner Bauweisen nach Mitteleuropa, wie ihn die Befestigungen der Heuneburg beweisen. Aber der zweifache Ursprung der Handelsströme – Marseille und Norditalien –, wie er auf der Heuneburg in der zweiten Hälfte des 6. Jahrhunderts deutlich wird, ist inzwischen durch in der Schweiz unternommene Ausgrabungen gesichert und bestätigt. Auf der Festung von Châtillon-sur-Glâne nahe Fribourg sind nicht nur Bruchstücke attischer Töpferwaren entdeckt worden, die ebenso durch den Zwischenhandel von Marseille wie von den griechisch-etruskischen Handelsplätzen an der Adria (Adria und Spina) hätten eingeführt werden können, sondern auch Keramikscherben, die unbestreitbar in Werkstätten des südlichen Rhonegebiets hergestellt wurden, und andere, die sich charakteristischen Formen des nördlichen Italien zuordnen lassen.

Innere Krise der fürstlichen Welt

Die Wichtigkeit einzelner Handelsbeziehungen scheint sich jedoch zu Beginn des 5. Jahrhunderts zu ändern. So geht der Einfluß von Marseille zurück und bleibt auf das Rhonetal beschränkt, während Erzeugnisse etruskischer Herkunft zusammen mit einigen griechischen Gegenständen, deren Verbreitung den adriatischen Niederlassungen zugeschrieben werden kann, in Gegenden vordringen, in denen es allem Anschein nach im 6. Jahrhundert nicht die geringste Einfuhr aus dem Mittelmeerraum gab. Diese Tatsache ist um so interessanter, als sie mit der Zerstörung oder der Aufgabe der Mehrzahl der befestigten Zentren zusammenfällt, die sich zu Ende des 6. Jahrhunderts entfaltet hatten, und daß das Phänomen des Fürstentums zu dieser Zeit in Gebieten auftaucht, in denen es bis dahin offensichtlich unbekannt war.

Es ist schwierig, die wahrscheinlich vielfältigen Gründe für diese sonderbare Erscheinung vollständig zu erhellen, aber es ist trotzdem heute möglich, die alte Hypothese zurückzuweisen, wonach diese Umwälzung die Folge des rücksichtslosen Eindringens keltischer Volksgruppen in die Herrschaftsbereiche der „Fürsten" des vorhergehenden Zeitabschnitts war. Die oben dargelegten Gründe legen in der Tat nahe, gerade in diesen Gebieten die älteste keltische Präsenz zu vermuten, den Kern, von dem die ersten Schritte zu ihrer Verbreitung ausgingen.

Die Hypothese der keltischen Invasion verdient dennoch eine gewisse Aufmerksamkeit, illustriert sie doch beispielhaft einen der größten Irrtümer, die bei der Interpretation archäologischer Tatsachen geschehen können: die Verwechslung der Zeugnisse eines kulturellen Phänomens, anhand dessen man zeitliche Variationen und Veränderungen erkennen kann, mit seiner ethnischen Grundlage. Die unüberlegte Verknüpfung jeder neuen Kultur mit dem Erscheinen einer anderen Bevölkerung war lange Zeit die gängige Vorgehensweise zahlreicher Archäologen und beim Studium der keltischen Völker besonders verbreitet. In der Tat fallen zufälligerweise das Auftauchen der Kelten in den Schriften des 5. Jahrhunderts und die Entstehung einer aus archäologischer Sicht neuen Kultur – die La-Tène-Kultur der jüngeren Eisenzeit – zusammen. Die scheinbar naheliegende Verknüpfung dieser beiden Erscheinungen führt zur Neigung, das Auftauchen laténischer Elemente in einem bestimmten Gebiet als Zeichen für die Ankunft keltischer Volksgruppen anzusehen. Die Versuchung, diese Überlegung auf das 5. Jahrhundert anzuwenden, war um so größer, als sie erfolgreich für das Studium der keltischen Ausbreitung im 4. und 3. Jahrhundert benützt worden war. Die Umstände sind jedoch nicht dieselben, denn die Expansion der Kelten in dieser Epoche zeigt das rücksichtslose Eindringen einer bereits bestehenden Zivilisation in eine Umgebung, der sie klar überlegen ist, während sich im 5. Jahrhundert noch der verhältnismäßig komplexe Vorgang der Bildung einer neuen keltischen Kultur abspielt.

So kann der Versuch, den Zügen der keltischen Völker des 5. Jahrhunderts, ausgehend von der Verbreitung der laténischen Zivilisation, folgen zu wollen, nur in eine Sackgasse führen oder zu der trotz vollständig fehlender wissenschaftlicher Grundlage verbreiteten Schlußfolgerung, die Kelten hätten nur zu jener Zeit eine wohldefinierte ethnische Einheit gebildet.

Die wahrscheinlichste Erklärung für die Umwälzung, die den Machtbereich der „Fürsten" des ausgehenden 6. Jahrhunderts zu berühren scheint, sind zweifellos innere

Ursachen. Die spektakuläre Zunahme des Reichtums der Dynastien, die sie den großen Gewinnen aus dem Handel mit dem Mittelmeerraum verdanken, scheint nämlich vom Verfall ihres Ansehens und zunehmenden Schwierigkeiten bei der Wahrung ihrer ererbten Vorrechte begleitet zu sein. Die Plünderung der Fürstengräber, die zur gleichen Zeit aufkommt, als die Festungen entstehen, ist in dieser Hinsicht sicherlich kennzeichnend. Man könnte auch die Abkehr von den monumentalen Hügelgräbern zugunsten weniger aufwendiger Einzelgräber nennen und andere Argumente mehr. Alles deutet darauf hin, daß die Zunahme der inneren Spannungen zu einem Krisenzustand führen konnte, der die Auslöschung der reichsten Dynastien und die Zerstörung ihrer Anwesen zur Folge hatte. Das Fehlen einer Diskontinuität bei den gewöhnlichen Begräbnisstätten eben dieser Gebiete würde zugunsten einer solchen Hypothese sprechen.

Die Zivilisation der La-Tène-Zeit

Die augenfälligsten Zeugnisse der Entstehung der neuen Kultur tauchen zuerst in den reichsten der fürstlichen Hügelgräber bzw. in entsprechenden anderen Gräbern auf; diese finden sich im allgemeinen in Gebieten, denen die „Fürsten" ebenso fremd waren wie direkte Einflüsse mediterranen Ursprungs.

Die neu in Frage kommenden Gebiete – Zentralfrankreich, die Champagne, Südostbelgien, Luxemburg, das Rheinland, der südliche Teil Böhmens und angrenzende Gebiete Deutschlands – umranden die im vorhergehenden Jahrhundert betroffene Zone, in der das Fürstentum bereits eine beträchtliche Schwächung erfahren hatte. Die augenscheinlichsten Wandlungen – Änderungen in der Form gewisser Gegenstände, Auftauchen neuer künstlerischer Ausdrucksformen, Änderung der Bestattungsbräuche – vollziehen sich allmählich und ungleichmäßig. Dies liegt nicht nur an der bevorzugten Entstehung dieser Zeugnisse in der Umgebung der privilegierten Teile der Gesellschaft, sondern auch an der Ausdehnung des Gebiets, in dem sie sich herausbilden und wo die Voraussetzungen je nach Gegend unterschiedlich sind. Diese regionalen Unterschiede werden sich im übrigen niemals verwischen, und die latènische Zivilisation wird bis zu ihrem Ende unter ihrem gleichförmigen Erscheinungsbild ein mehr oder weniger differenziertes Mosaik kultureller Ausdrucksformen verbergen.

Die bezeichnendsten Veränderungen gegenüber dem Ende des 6. Jahrhunderts sind folgende:

Auf dem Gebiet der militärischen Ausrüstung taucht die Waffe auf, welche die Kelten von nun an auf ihren Märschen quer durch Europa begleitet und die aufgrund ihrer Wirksamkeit von zahlreichen anderen Völkern übernommen werden wird: Es ist das lange Eisenschwert, ähnlich jenem, das zu Beginn des 6. Jahrhunderts, vielleicht unter dem Einfluß der mediterranen Bewaffnung, zugunsten sehr viel kürzerer Schwerter und Dolche abgeschafft wurde. Es sind jedoch nicht alle Krieger dieser Zeit mit ihm ausgerüstet. Auf den Begräbnisstätten des Marnegebiets, das zur ersten La-Tène-Periode gehört, ist ungefähr ein Fünftel der Krieger mit dem langen Schwert begraben, während die anderen nur über Wurfwaffen verfügten; am anderen Ende der keltischen Welt, in Böhmen, besitzen nur einige in Fürstengräbern bestattete Einzelpersonen ein langes Schwert, die anderen sind mit großen einschneidigen Dolchen oder Lanzen bewaffnet.

Die bemerkenswerteste Veränderung bei der Schmuckherstellung zeigt sich dabei in einer neuen Art von Fibeln, die sich, obwohl sie sich in der Mehrzahl von denen der vorhergehenden Epoche ableiten, durch ihre Formen und ihre Ausmaße unterscheiden. Der Wandel scheint ziemlich schnell vor sich gegangen zu sein, aber es gibt, besonders im westlichen Abschnitt, eine Reihe von Exemplaren, welche die neue Art mit der alten verbinden und so eine Übergangsgruppe darstellen.

Die an den Bestattungsriten vorgenommenen Veränderungen sind nur an den Fürstengräbern sichtbar; die auffallendste ist das Fortlassen des vierrädrigen Karrens, der manchmal durch ein zweirädriges Fahrzeug ersetzt wird, den keltischen Kampfwagen, wie er von den alten Autoren beschrieben wird und vielleicht zu jener Zeit unter etruskisch-italienischem Einfluß eingeführt wurde; man beobachtet außerdem, wenigstens in bestimmten Gebieten, häufige Abweichungen, was die zum Genuß des Weins bestimmten Grabbeigaben betrifft. Das bezeichnendste Beispiel ist die Verwendung eines der Weingefäße als Begräbnisurne.

Die für den Weingenuß notwendigen Gerätschaften werden von einheimischen Handwerkern hergestellt.

Der frühe La-Tène-Stil

Dieses letzte Phänomen berührt den spektakulärsten Ausdruck der Entstehung der Zivilisation von La Tène: Es tauchen in der älteren Eisenzeit unbekannte plastische Ausdrucksformen auf, deren streng geometrische Formgebung durch ein paar Symbole und schemenhafte Darstellungen kaum abgeschwächt wird. Einer der Anstöße zur Entwicklung der neuen ornamentalen Richtung ist unbestreitbar der Einfluß, den die etruskische Kunst der Verzierung wahrscheinlich mittels der nach Mitteleuropa eingeführten Gegenstände ausübte. Es gibt jedoch in dem, was man geläufigerweise den „Ersten La-Tène-Stil" nennt, eine sehr starke orientalische Komponente, für die man keine sehr viel älteren Entsprechungen in der etruskischen Produktion findet. Einige Fachleute haben diese Erscheinung als die Folge eines direkten Einflusses der orientalischen

Kunst betrachtet, der durch ein Vordringen der Skythen in die Niederungen der Karpaten oder durch das Zurückwerfen persischer Angriffe in Südosteuropa hervorgerufen wurde. Heute betrachtet man sie jedoch als Folge der Rolle, welche die nichtetruskische Welt Norditaliens wahrscheinlich gespielt hat. Denn diese Welt scheint die orientalischen Einflüsse, die seit dem 8. Jahrhundert nach Italien drangen, länger bewahrt und verbreitet zu haben als die anderer Regionen, was allerdings nicht immer erkannt und anerkannt worden ist, zumal die entsprechenden einheimischen Kunstformen von den griechischen und etruskischen Zeugnissen verdeckt werden.

Die Hypothese einer Übernahme orientalischer Motive aus dem nördlichen Italien durch die keltische Kunst des 5. Jahrhunderts kann die Erklärung sein für die gleichzeitige Anwesenheit durchbrochener Gürtelscheiben – die kompliziertesten stellen die alten Motive des Lebensbaumes und des Herrn der Tiere dar – an zahlreichen Orten diesseits wie jenseits der Alpen. Als mögliches Zeugnis eines keltischen Einflusses oder Eindringens in Italien gedeutet, läßt sich dieses Phänomen nur mit einer Ausbreitung in entgegengesetzter Richtung befriedigend erklären, d.h., die Entwicklung ist von dem Gebiet der Poebene ausgegangen, wo diese Motive seit dem 7. Jahrhundert verbreitet und geschätzt sind, und nicht von Mitteleuropa, von woher bis heute kein thematischer und stilistischer Vorläufer bekannt ist. Die Vertiefung der Beziehung mit Etrurien, wie sie durch die Einfuhren bestätigt wird, konnte auf ganz natürliche Weise die Entwicklung von Kontakten zu den dazwischenliegenden Gebieten zur Folge haben. Diese Hypothese wird durch eine Reihe von Erscheinungen untermauert: Die bezeichnendste ist vielleicht, daß seit dem 6. Jahrhundert an so entfernten Orten wie in Burgund, in Slowenien, in der Armorika und in Böhmen ähnliche Keramik existierte wie die, welche damals zwischen dem Po und den Alpen hergestellt wurde.

Die Rolle, die das nördliche Italien im Verlauf des 5. Jahrhunderts gespielt hat, ist wahrscheinlich nicht auf einfache Einflüsse beschränkt, und man kann annehmen, daß nicht nur die oben erwähnten Gürtelschnallen, sondern auch andere nördlich der Alpen entdeckte Gegenstände in Werkstätten, die in der Poebene lagen, hergestellt wurden.

Ein zufälliger Fund, der im Jahr 1962 in Erstfeld auf der Straße zum Gotthardpaß gemacht wurde, ist in dieser Hinsicht besonders interessant: Der gesamte prunkvolle Goldschmuck – vier Halsreifen (Torques) und drei Armreifen – gehört wahrscheinlich zur Produktion ein und derselben Werkstatt. Das Ganze kann keine einzige Garnitur sein und wurde auch sicherlich im Hinblick auf eine spätere Aufteilung transportiert; dennoch erlauben bis jetzt nur indirekte Beweise, den Herstellungsort dieses Schmucks südlich der Alpen anzusiedeln.

Was auch immer ihr Ursprung ist, der bemerkenswerteste Aspekte der Anfangsphase der latènischen Kunst ist unbestreitbar die Faszination, die von den orientalischen Themen auf die Handwerker ausging: Greife, Palmetten, Lotosblüten und andere Elemente der Symbolwelt des Ostens werden auf Anhieb übernommen und durch feinsinnige Anspielungen verändert. Diese neuen Ornamentformen liefern so den ersten erkennbaren plastischen Ausdruck einer Geisteswelt, die sich, wenigstens wenn man den formalen Übereinstimmungen glaubt, nicht von der zu unterscheiden scheint, die dreihundert Jahre später auf den Münzen der keltischen Völker sichtbare Gestalt annimmt. Diese neue Kunst ist jedoch noch nicht einheitlich, selbst wenn man den Beginn der Entstehung einer plastischen Sprache manchmal spüren kann.

Die Hügelgräber von Altrier und von La Motte Saint-Valentin

Die Entstehung dieser Kunst – der ersten, bei der es heute möglich ist, die Prägung durch einen „keltischen Geist" zu entdecken – ist im Augenblick schwierig zurückzuverfolgen, da die Gegenstände (oder ihre Erschaffer) mit Leichtigkeit Ortswechsel vornehmen konnten und außerdem zahlreiche Unsicherheiten bestehen, was ihre Datierung betrifft. Das einzige genaue Datum liefert im Augenblick das in Altrier (Luxemburg) ausgegrabene Fürstengrab. Die dendrochronologische Untersuchung eines Holzstücks aus dem Scheiterhaufen für die Einäscherung der Leiche erlaubt es, das Jahr 430 v. Chr. als das Jahr anzugeben, in dem der Baum gefällt wurde. Die Asche fand sich in einer Bronzevase etruskischer Herstellung, die normalerweise beim Weintrinken benutzt wurde und an deren Henkel das lange Eisenschwert mit einem Lederriemen befestigt war. Ein goldener Armreif und eine mit menschlichen Antlitzen geschmückte Fibel aus Bronze und Korallen – eine charakteristische latènische Form für eine Zone, die sich vom Rheinland bis Böhmen erstreckt – vervollständigen die in ein Tuch gehüllten Grabbeigaben.

Das Grab von Altrier bietet neben seiner eigentlichen Bedeutung ein wertvolles Hilfsmittel für eine vergleichbare Datierung eines der wichtigsten entsprechenden Funde, die bis heute in Frankreich entdeckt wurden: das Hügelgrab von La Motte Saint-Valentin, das 1880 nahe bei Langres gefunden wurde. Dieser Steinhaufen, fünf Meter hoch und dreißig Meter im Durchmesser, bedeckte in seiner Mitte die (wie in Altrier) in eine etruskische Vase gegebene Asche und das lange Eisenschwert wie einen besonderen attischen Kantharos, der wahrscheinlich über die adriatischen Handelsplätze eingeführt worden war. Ein zweites Grab, wahrscheinlich das der Frau des Toten, enthielt u.a. einfache bronzene Fußreifen, vergleichbar denen aus den gewöhnlichen Grabstätten, eine Bronzenadel, die Nachbildung eines etruskisch-italischen Spiegels und eine durchbrochene Gürtelscheibe in Palmettenform, zweifellos aus Norditalien.

Die wichtigste der zahlreichen Feststellungen, die diesen bemerkenswerten Grabhügel betreffen, ist die der Existenz einer gewissen Zahl von Nebengräbern, die unglücklicherweise größtenteils zerstört sind. Außerdem finden sich unter dem Material Fibeln, die ihren latènischen Charakter noch mit Elementen der vorhergehenden Periode verbinden, was die Datierung der Übergangsphase, in deren Verlauf sich die latènischen Arten von Gebrauchsgegenständen herausbildeten, ins zweite Drittel des 5. Jahrhunderts ermöglicht.

Das Wagenbegräbnis von Somme-Bionne

Die Aufzählung einiger fast zeitgenössischer Funde ergänzt und präzisiert das Bild der ersten Zeugnisse der neuen Kultur in verschiedenen Gegenden der keltischen Welt.

In Somme-Bionne, im Marnegebiet nahe Sainte-Menehould, wurde die sterbliche Hülle auf einen zweirädrigen Wagen gelegt. Dieses Fahrzeug war mit durchbrochenen Bronzeverzierungen geschmückt, die ebenso wie die Schmuckscheiben, die das Geschirr der zwei Pferde schmückten, nach einer Skizze oder nach einer genauen mit dem Zirkel gezeichneten Vorlage gearbeitet worden waren, eine Dekorationstechnik, deren vielfältige Möglichkeiten die keltischen Handwerker zu dieser Zeit entdecken. Der Schöpfer der Schmuckscheiben von Somme-Bionne beweist, besonders auf dem kreisförmigen Exemplar, eine bereits vollendete Kunstfertigkeit und eine bemerkenswerte Leichtigkeit im Spiel mit Material und Durchbruch. Es gibt sehr überzeugende Analogien zu dieser Art von Verzierungen und Schmuckscheiben in der etruskisch-italischen Welt.

Das augenfälligste Zeugnis einer direkten Verbindung mit Italien gibt der Gürtel, an dem das lange Schwert hängt: Die durchbrochene Scheibe, die einen etwas vereinfachten Baum des Lebens zwischen zwei Greifen darstellt, gleicht anderen Exemplaren aus dem Marnegebiet, auf denen dieses Motiv jedoch mehr oder weniger verändert ist, sowie einem identischen Stück, das in Este im Gebiet der Poebene gefunden wurde. Das Grab enthielt auch einen etruskischen Bronzekrug und einen getriebenen Goldreifen, der wahrscheinlich ein Trinkhorn zierte. Andere Gegenstände, wie eine griechische Schale, wurden wohl anläßlich seiner Entdeckung 1873 hinzugefügt.

Der Grabhügel von Chlum

Am anderen Ende der keltischen Welt bedeckte der Grabhügel von Chlum in Südwestböhmen ein Grab, vermutlich eine Einäscherung, mit folgenden Beigaben: einem Bronzekrug und zwei Bronzebecken etruskischer Herkunft, einem langen Schwert, einer Axt, zwei Lanzen- oder Speerspitzen, Töpferwaren örtlicher Herkunft, deren Formgebung noch aus der älteren Eisenzeit stammt, und einigen besonders interessanten verzierten Gegenständen. Die beiden ersten sind aus Bronze: eine mit dem Zirkel gravierte Hülse und eine Platte, die vielleicht zu einem Gürtel gehörte, auf der eine in gleicher Weise gravierte Randverzierung eine Palmette zwischen verschlungenen Linien umschließt. Wir erkennen hier eine Zusammenstellung, die jener auf der Scheibe von La Motte Saint-Valentin verwandt ist und die möglicherweise unter die sehr schematisierten symbolischen Darstellungen des von Monstern und Tieren umgebenen Lebensbaumes eingereiht werden kann. Das dritte Stück, wahrscheinlich der obere Teil einer Fibel, wurde auf kompliziertere Weise hergestellt: Eine Bronzeplatte wurde mit einem getriebenen Goldblatt bedeckt, auf dem ein Pflanzenmotiv mit Eleganz um eine zentrale Rosette gelegt ist. Das Ganze ist dann noch reich mit Korallen verziert. Gegenstände dieser Art, die in dem Sinn als gleich anzusehen sind, daß man sie als Erzeugnisse derselben Werkstatt oder desselben Künstlers betrachten kann, wurden in einigen westlicheren Gegenden gefunden, im Rheinland in Laumersheim und in Schwabsburg, in Weiskirchen im Saarland und in Kleinaspergle bei Stuttgart.

Dies alles zeugt von der Existenz einer exklusiven Kultur der keltischen Aristokratie. Es zeigt, daß die Luxuserzeugnisse der dortigen Werkstätten eine ähnliche Verbreitung fanden wie die etruskisch-italischen Einfuhren.

Die Prinzessin von Reinheim

Das im Jahr 1954 in Reinheim im Saarland ausgegrabene Grab ist von höchstem Interesse: Die mit einem Weinservice – was ihren Rang anzeigt – begrabene Person war eine Frau, eine Prinzessin wie die etwas ältere Fürstin von Vix in Burgund. Der Reichtum und die Qualität der Grabbeigaben waren bemerkenswert. Mit Ausnahme vielleicht eines Bronzebeckens und von Glas- und Bernsteinschmuck scheinen alle Gegenstände von keltischen Handwerkern hergestellt worden zu sein: ein Weinservice, bestehend aus einem Krug und zwei mit einer aus Gold getriebenen Manschette versehenen Trinkhörnern; ein Spiegel aus Bronze, ähnlich dem von La Motte Saint-Valentin; vier Fibeln, von denen eine jener aus Chlum sehr nahekommt, und eine andere, die eine merkwürdige Zusammenstellung von Menschen- und Tierköpfen zeigt, wie sie auch auf der Fibel von Altrier zu finden ist; endlich ein Halsring und zwei Armreifen aus reich bearbeitetem Gold. Diese Goldreifen haben eine gewisse Ähnlichkeit mit denen aus Erstfeld, aber ihre

Ausdruckskraft ist dieser, trotz einer weniger ausgefeilten Ausführung, überlegen.

Zwei Gegenstände lassen uns bei diesem Fund mit besonderer Genauigkeit die beträchtlichen Unterschiede in der Unabhängigkeit von mediterranen Vorlagen erkennen, die Kunsthandwerker während einer einzigen Epoche erreichten. Auf der einen Seite steht eine scheibenförmige Fibel, welche die ein wenig grobe, aber treue Nachbildung von luxuriösen etruskischen, mit feiner Körnung verzierten Exemplaren ist, auf der anderen Seite der Bronzekrug, der eines der bemerkenswertesten Stücke darstellt, die in diesem Grab gefunden wurden. Lassen wir die Originalität und die Eleganz der Form, die Kompliziertheit und die Qualität des eingravierten Musters und die ausgewogene Ausdruckskraft der formbetonten Partien beiseite, so ist der erstaunlichste Aspekt dieses Meisterwerks das Vorhandensein bildlicher Darstellungen, für die es in der mediterranen Bildkunst kein einziges Gegenstück gibt. Der Deckel des Kruges trägt ein monströses Pferd mit einem von einer Art Krone gezierten Menschenkopf. Den „Kopfschmuck" bilden zwei aufrecht stehende, oben abgerundete Scheiben, die etwas an Ohren erinnern und die die Oberseite des Kopfes freilassen. Dieses eigenartige Attribut, das hauptsächlich aus dem Rheinland bekannt ist, scheint die göttliche Eigenschaft des Gesichts, dem es beigestellt wird, anzuzeigen und erinnert durch seine Form an das Blatt der Mistel, einer Pflanze, die nach Plinius dem Älteren von den Druiden verehrt wurde. Die zweite interessante Darstellung auf dem Krug von Reinheim ist ein Menschenkopf – bärtig, mit Schnurrbart und mit einer Art Helm bedeckt –, dessen Unterteil von den Hörnern eines Widders umschlossen wird.

Dreihundert Jahre später werden die Kelten zu bildlichen Ausdrucksformen zurückkehren, und dann wird auf gallischen Münzen das beunruhigende Pferd mit dem Menschenkopf wieder auftauchen; Silberverzierungen, die wahrscheinlich in Pannonien hergestellt wurden und in

Manerbio in Italien gefunden wurden, stellen dieselbe Zusammenstellung von Menschenkopf und Widderschädel dar – zufälliges Zusammentreffen oder Fortdauern einer Mythologie? In Ermangelung von Beweisen scheint ein Festhalten an der zweiten Möglichkeit nicht gänzlich ungerechtfertigt.

Das wahre Aussehen der Kelten des 5. Jahrhunderts v. Chr.

Ein interessanter Gegenstand, der im 19. Jahrhundert in der Nekropole von Hallstatt gefunden wurde – eine Bronzescheide, in die eine Reihe von Personen eingraviert ist, bewaffnete Fußsoldaten und Reiter – hat ein Bild von den Kelten des 5. Jahrhunderts v. Chr. vermittelt, das sich ganz erheblich von demjenigen unterschied, das zuvor vorherrschend war: Die dargestellten Personen waren gepflegt gekleidet, mit einer Tunika oder einer Art Leibrock in gefälligem Schnitt, mit Rüstungen (wohl aus Leder), die den Rüstungen der Etrusker ganz ähnlich sahen – kurz und gut mit einer gewissen Eleganz, deren (aus der Sicht der damaligen Mittelmeerwelt) ungewöhnlichstes Element die sehr eng anliegenden Hosen waren, die mit jeweils unterschiedlichen geometrischen Motiven geschmückt waren. Man hat seitdem Gewebestücke und andere Bestandteile gefunden, die das erwähnte Zeugnis vollauf bestätigen, aber auch einige neue Bilder, die von den Kelten selbst stammen.

Das interessanteste wurde 1995 entdeckt bei der Erforschung eines befestigten Platzes in der Wetterau namens Glauberg, den man schon durch frühere Funde kennt, die in einen anderen Zusammenhang gehören. Man fand in der Nähe ein eindrucksvolles Grabdenkmal, das von einem großen kreisförmigen Graben umschlossen ist, der sich nach einer Seite öffnet auf einen langen Weg hin, der im rechten Winkel darauf zuläuft und ebenfalls von Gräben gesäumt wird. Dort fand man zwei Gräber des „Fürstentyps" der La-Tène-Kultur, die sich auf die zweite Hälfte des 5. Jahrhunderts v. Chr. datieren lassen. Sie enthalten reichen Goldschmuck, vor allem Halsreife, Bronzevasen und Weinkrüge mit figürlichen Darstellungen im La-Tène-Stil, ferner Waffen. Eine große Statue aus Stein stellt einen stehenden Mann dar, dessen Kopf mit dem „doppelten Mistelblatt" bedeckt ist. Er ist bekleidet mit einer Rüstung etruskischen Typs und mit einem länglichen Buckelschild in Schiffsform bewaffnet: Das entspricht – abgesehen vom Fehlen einer Hose, das vermutlich auf die heroische Nacktheit der dargestellten Persönlichkeit zurückzuführen ist – genau den Bildern auf der Scheide aus Hallstatt. Die Kleidung der Figuren auf der Scheide, die der etruskischen Kleidung so nahe und gleichzeitig so fern steht, ist also keine örtliche Besonderheit von Hallstatt, sondern die übliche Kleidung der keltischen Oberschicht des 5. Jahrhunderts v. Chr. Sie ist heute übrigens auch durch eine Reihe anderer bildlicher Darstellungen bekannt: eine Fibel vom Dürrnberg bei Hallein, die Fibel aus der Nekropole von Manetín in Westböhmen usw. Inzwischen soll man auf dem Glauberg Bruchstücke einer vergleichbaren steinernen Statue gefunden haben.

Die Festung auf dem Glauberg, zu deren Verteidigung ein kompliziertes und ausgedehntes System von Befestigungen aus mörtellosen Steinen dient, ist bisher noch nicht hinreichend erforscht. Man ist jedoch gut im Bilde über einen anderen Ort, der derselben Zeit angehört und nicht weniger bedeutend ist – und zwar in Böhmen, etwa zehn Kilometer donauaufwärts von Prag. Es handelt sich um Závist, einen Platz, der seit der Bronzezeit befestigt und seit dem 6. Jahrhundert v. Chr. mit einem System mächtiger Verteidigungswälle ausgestattet ist, die eine Fläche von ungefähr 100 ha umfassen. Der höchstgelegene Teil, die „Akropolis", bestand in einer stark bewehrten viereckigen Fläche, wo zuerst eine Umzäunung, dann, im 5. Jahrhundert v. Chr., eine Maueranlage aus Steinen ohne Mörtel errichtet wurde (sie ist bis zu einer Höhe von 4 m erhalten), die die hölzernen Gebäude tragen sollte. Eines davon ist ein dreieckiger Turm, der vermutlich zu astronomischen Beobachtungen diente. Man nimmt (wohl zu Recht) an, daß die Art von viereckigen Gebäuden mit hohen Grundmauern, für die hier ein Beispiel vorliegt, nur auf etruskischen Einfluß zurückgeführt werden kann – ein Zeugnis für den sehr starken Einfluß, der von Mittel- und Norditalien bis nach Böhmen ausstrahlte. Wahrscheinlich haben die Länder Innereuropas schon damals eine erste Phase der Verstädterung erlebt, die sich dann infolge der Wirren am Ende des 5. Jahrhunderts abschwächte. Dazu trug speziell in diesem Fall auch die Auswanderung eines guten Teils der Bevölkerung in Richtung Italien bei.

Die Kelten in der Berührung mit Italien

Wenn wir uns Grabbeigaben des 5. Jahrhunderts aus verschiedenen Gegenden der keltischen Welt ins Gedächtnis zurückrufen, so enthüllt sich ein feines Netz von Verbindungen und Entsprechungen, die die Einheitlichkeit der La-Tène-Kultur zeigen. Der gemeinsame Nenner ist die Zahl und die Stärke der Bande, welche die keltische Welt und die Welt des Mittelmeers, besonders des nördlichen Italiens, vereinen. Die Beziehungen scheinen nicht mehr die gleichen wie im vorhergehenden Jahrhundert zu sein, wo Handel und Einflüsse die Kelten direkt erreichten. Vor allem scheint sich die La-Tène-Kultur wie ein Ölfleck auszubreiten, um die Bedürfnisse einer neuen und weiter entfernten Kundschaft zu befriedigen. Eine genauere Untersuchung zeigt eine Veränderung in der Qualität der Beziehung zwischen Nord und Süd.

Die Zeichen für diesen Wechsel sind versteckt, aber bezeichnend: Da ist zuerst auffallend die von nun an mittelmäßige Qualität und der Rückgang der Gegenstände etruskischer Herkunft; was daraus folgt, ist die Entwicklung einer keltischen Produktion, die dazu bestimmt ist, die Einfuhr von Luxusgütern zu ersetzen. Man könnte sich als Ursache zunächst einen Bruch in den Beziehungen mit den alten Partnern vorstellen, aber die archäologischen Funde geben eine entgegengesetzte Antwort: Wein wird weiterhin eingeführt und verzehrt, zu den etruskischen Gegenständen und Einflüssen gesellen sich vielfältige Zeugnisse von direkten oder indirekten Kontakten zwischen der keltischen und der italischen Welt. Diese offensichtlich paradoxe Sachlage läßt sich nur dadurch erklären, daß sich die Tauschgeschäfte nicht mehr auf den innereuropäischen Märkten abspielten, sondern durch die Vermittlung von mediterranen Händlern in Italien selbst getätigt wurden, wo eine weitere Verbreitung der Erzeugnisse durch keltische Händler gesichert ist. Der Wein bleibt die hauptsächliche Handelsware, jedoch wird auch mit Luxusartikeln gehandelt, die fast ausschließlich in keltischen Werkstätten hergestellt worden sind.

Italien öffnet sich den Kelten. Man kann sie sich vorstellen, wie sie – Handwerker, Händler, Söldner – immer zahlreicher mit Verwunderung und Begehrlichkeit die Reichtümer Etruriens betrachten ...

Die Folge scheint unausweichlich, aber sie gehört bereits zu einer neuen Episode im langen Dialog zwischen dem barbarischen und dem mediterranen Europa.

3.

Von den herzynischen Wäldern zu den Apenninen

Die Gallier, wie man erzählt, von der Süße der Früchte dieses Landes und besonders vom Geschmack des Weines, eines für sie neuen Genusses, betört, hatten die Alpen überquert und sich der zuvor von den Etruskern besiedelten Gebiete bemächtigt.

Livius, Römische Geschichte V, 33

Etrurien erlebte im 5. Jahrhundert eine Zeit besonderer Blüte. Adria und Spina, die griechisch-etruskischen Handelsplätze im Delta, sehen sich einer Flut verfeinerter Erzeugnisse aus den Keramikwerkstätten Athens gegenüber, die entweder am Platz verkauft oder zu den Städten im Landesinnere gebracht wurden, wo sie noch heute den Reichtum dieser großen Zentren bezeugen. Neben Spina, einer auf Pfählen gegründeten, von reichen Totenstädten umgebenen Hafenstadt, und ihre Schwesterstadt Adria sind deren bekannteste Felsina, das heutige Bologna, und die seit mehr als hundert Jahren bei Marzabotto im Apennin ausgegrabene Stadt. Über das städtische Zentrum, das im letzten Jahrhundert bei San Polo d'Enza am südwestlichen Rand der Ebene entdeckt wurde, sind wir weniger gut unterrichtet. Der etruskische Ursprung von Mantua ist hingegen hauptsächlich durch die schriftliche Überlieferung bekannt. Die in jüngerer Zeit entdeckten etruskischen Koloniegründungen in der Umgebung der Stadt, die aus dem 6. und 5. Jahrhundert v. Chr. stammen (und von denen die von Forcello die bekannteste ist), bestätigen diese Überlieferung aber voll und ganz. Die Grabungen haben hier Fundstücke ans Licht gebracht, die eindeutig die wichtige Rolle erkennen lassen, die diese Orte im transalpinen Handel spielten.

Kelten und Etrusker in Italien

Der Handel mit der keltischen Bevölkerung hat für das Aufblühen des etruskischen Pogebiets sicherlich eine wichtige Rolle gespielt, aber es bleibt schwierig, seinen Umfang und seine Gepflogenheiten zu bestimmen. Über die Natur der Waren, welche die Kelten gegen den Wein, die Korallen und andere Erzeugnisse eintauschten, die daraufhin bis in die Champagne, ins Rheinland oder nach Böhmen transportiert wurden, können nur Vermutungen angestellt werden. Die Anwesenheit keltischer Erzeugnisse des 5. Jahrhunderts – es handelt sich im wesentlichen um bescheidenen Schmuck – in Norditalien kann nicht als Frucht des Tauschhandels betrachtet werden, man kann darin nur den Beweis für einen direkten Kontakt der hiesigen Bevölkerung mit den Kelten jenseits der Alpen sehen. Nicht nur in etruskischen Gegenden (Bologna, Marzabotto, San Polo d'Enza), sondern auch im Veneto, in Umbrien und in der Umgebung von Piacenza, besonders in einem Grab der Totenstadt von Numana südlich von Ancona wurden charakteristische Fibeln aus dem letzten Abschnitt der älteren Eisenzeit Innereuropas gefunden. Da sie unter den ortsüblichen Beigaben enthalten sind, können diese Gegenstände nicht als Anzeichen für das Eindringen größerer keltischer Gruppen betrachtet werden, sondern eher als Hinweis für die Eingliederung von Einzelpersonen in die örtliche Bevölkerung. Dies mag auch an gewisse Gegenstände erinnern, die, eher keltischer als etruskischer Natur, in den Bologneser Nekropolen gefunden wurden. Dennoch liefert die etruskische Totenstadt von Marzabotto den schlagendsten Beweis für diese Durchdringung: Die Gerätschaften eines

Grabes enthalten eine merkwürdige Silberfibel, auf der sich gleichzeitig etruskische und keltische Schriftzeichen finden; dies läßt sich nur als ein örtlicher Versuch zur Herstellung von Schmuck keltischer Art deuten.

Möglicherweise war die Anwesenheit von Fremden transalpiner Herkunft im 5. Jahrhundert in den reichen etruskischen Städten nichts Außergewöhnliches. Der Aufstieg der Städte konnte nicht nur eine Vervielfachung der Handelsbeziehungen zur Folge haben, sondern auch den Zustrom fremdländischer Handwerker und, folgerichtig, die Anwerbung von Söldnern, die der Stadt eine ihrer wirtschaftlichen Macht angemessene militärische Stärke sicherten. Die Feinde, gegen die diese Städte ihren blühenden Reichtum verteidigen mußten, waren zweifellos zahlreich: Gewisse Grabstelen von Felsina (Bologna) zeigen Kämpfe zwischen etruskischen Reitern und nackten, mit einem Schwert und einem großen Schild bewaffneten Fußtruppen; es wird allgemein angenommen, daß dies keltische Krieger seien. Die Mehrzahl der Forscher sieht in diesen Darstellungen Scharmützel, Vorläufer des großen gallischen Einfalls zu Beginn des 4. Jahrhunderts.

Es hat augenscheinlich Konflikte gegeben, aber es ist eine irreführende Vereinfachung, die Dinge unter der Vorstellung eines unüberbrückbaren Gegensatzes zwischen Kelten und Etruskern zu sehen; dies ist eine von den antiken Schreibern im Nachhinein geschaffene Fiktion. Die Sachlage war sicherlich viel komplizierter, und Waffengänge wechselten sich mit Tauschgeschäften und friedlichen Beziehungen ab oder fanden sogar gleichzeitig statt. Dieses Nebeneinander ist auch einleuchtend, wenn man bedenkt, daß weder die keltische Welt noch die etruskischen Städte besonderen Zusammenhalt zeigten. Man muß zweifellos die Hoffnung für immer aufgeben, die genaue Rolle der Kelten in dem Spiel, dessen Preis die Vorherrschaft im nördlichen Italien war, zwischen Griechen, Etruskern, einigen eingeborenen Gruppen, aber auch zwischen den wetteifernden Städten bestimmen zu können. In die antiken Schriften geht nur ein schwacher Widerhall dieser Kämpfe ein, aber man kann doch wohl als sicher annehmen, daß anläßlich der internen Streitigkeiten keltische Söldner angeworben worden sind. In diesem Sinn muß wahrscheinlich die von Livius berichtete Geschichte gedeutet werden: Aruns von Clusium (Chiusi) hätte die Gallier gerufen, um sich an seinem eigenen Mündel, Lucumon – ein Wort, mit dem die Etrusker ihren König bezeichneten –, zu rächen, der seine Frau verführt hatte.

Die große Invasion zu Beginn des 4. Jahrhunderts

Eine gute Kenntnis des inneren Zustands Etruriens war sicherlich die Grundlage für die Planung eines solchen Unternehmens großen Ausmaßes. Anders ist die Schnelligkeit und Wirksamkeit des Feldzuges, der die Kelten zu Beginn des 4. Jahrhunderts bis nach Rom führte und mit der Besetzung des größten Teils Norditaliens endete, kaum zu erklären. Der Bericht von der gallischen Invasion, den uns Polybius zwei Jahrhunderte nach den Ereignissen gibt, ist im übrigen deutlich: „Die Gallier besuchten die etruskischen Königreiche aufgrund nachbarlicher Beziehungen; nachdem sie die Schönheit des Landes neidvoll kennengelernt hatten, griffen sie unter geringfügigem Vorwand mit einer großen Armee überraschend an und vertrieben die Etrusker aus der Poebene, die sie besetzten."

Die Hauptbestandteile der großen Expedition stammten jedoch nicht von den nächstwohnenden keltischen Volksstämmen, den sogenannten lepontischen Gruppen, die ursprünglich nördlich von Mailand in den auslaufenden Alpentälern saßen. Von den drei größten Stämmen, die sich südlich des Po niederließen – Lingonen, Bojer und Senonen –, gibt es gleichnamige Stämme in Innereuropa, die man möglicherweise als ursprünglichen Kern der Völker betrachten kann, die nach Italien zogen. Nach Berichten, die unglücklicherweise mehrere Jahrhunderte nach dem Einfall entstanden, lebten die Bojer in einem Gebiet, welches das südliche Böhmen und einen Teil Bayerns umfaßte; die Senonen saßen im Tal der Yonne und in einem an das Seinebecken angrenzenden Gebiet. Es fällt schwer, in der Existenz ziemlich deutlicher und dauerhafter Verbindungen zwischen diesen beiden Völkern südlich des Po und den Gebieten, in denen später ihre Namensvettern ausgemacht wurden, nur ein zufälliges Zusammentreffen zu sehen. Dennoch ist es wahrscheinlich, daß der Hauptteil der großen Expedition unter anderen keltischen Völkern Innereuropas rekrutiert wurde; die Namen, die uns überliefert sind, scheinen demnach wohl die Namen der in einer Region besonders mächtigen Völker oder diejenigen Völker zu sein, welche die größten Kontingente stellten: Die Senonen südlich der Alpen umfaßten womöglich verschiedene Elemente westlichen Ursprungs, während die Gruppe der Bojer aus Volksgruppen aus dem mittleren und östlichen Europa bestand.

Wo auch immer sie genau herkommen, die Eindringlinge ließen sich sehr schnell in der Poebene und in dem an das Picenum, das Tor nach Mittel- und Süditalien, angrenzenden Gebiet nieder. Die unvermittelte drastische Verringerung der Einfuhren griechischer Keramik um das Jahr 400, wie sie in den etruskischen Nekropolen von Bologna festgestellt wird, ist ein besonders deutlicher Hinweis auf den Verfall der Stadt. Die Sachlage scheint in Marzabotto, wo die letzten Zeugnisse der etruskischen Besiedlung vom Ende des 5. Jahrhunderts oder vom Anfang des 4. stammen, ähnlich zu sein. In den gleichen Gegenden tauchen nun Gräber auf – in Marzabotto sogar in den Trümmern der aufgegebenen Stadt – mit typischen La-Tène-Waffen oder Schmuckstücken, die in jeder Hinsicht denen aus Mitteleuropa vergleichbar sind.

Die Untersuchung der Fibeln, jener Auskunftsquellen, bei denen Spielarten und zeitliche Folge sehr gut bekannt sind, erlaubt es, die ältesten unter ihnen herauszufinden und somit die erste La-Tène-Phase südlich des Po in den entsprechenden Zeitablauf im Gebiet nördlich der Alpen einzuordnen. Das Ergebnis ist sehr interessant: Diese kurze, aber gut erkennbare Phase kennzeichnet den Abschluß einer allgemeinen Umwälzung, deren äußeres Zeichen die Ausbildung der La-Tène-Zivilisation ist; in ihrem Zuge tauchen plötzlich in gewissen Gegenden Luxusgegenstände auf, die in einem neuen, von griechisch-etruskischen Vorbildern angeregten Stil verziert sind. Vor allem aber läßt sich hier die erste Erscheinung eines La-Tène-Stils ablesen, welcher nicht nur in Italien, sondern auch in anderen, nicht von Kelten besiedelten Gebieten eine gewisse Bedeutung besitzt; dies betrifft besonders einige östliche Landstriche, wie Mähren, angrenzende Gebiete Österreichs und den westlichen Rand der Karpatensenke. Es folgt aus dieser Erkenntnis, daß die keltische Ausdehnung zu Beginn des 4. Jahrhunderts zugleich nach Süden und nach Osten gerichtet war. Livius' Text über die gallische Invasion fällt einem sofort ein: Die Neffen von Ambigat, König der Biturgier, brechen mit dem Bevölkerungsüberschuß auf; das Schicksal zeigt Segovesius den Weg in die herzynischen Wälder, Bellovesius den nach Italien ... Das wichtigste Ereignis während der keltischen Invasion in Italien ist unbestreitbar wegen seiner unmittelbaren Folgen die Niederlassung der Senonen in einem Teil des Picenum – einem Gebiet, das den heutigen Marken entspricht. In der Nähe der adriatischen Küste gelegen, wo der Syrakuser Handelsplatz Ancona und der picentische Hafen Numana eine beträchtliche Handelsaktivität entfalteten, kontrollierten die Neuankömmlinge die Wege, welche quer durch den Apennin sowohl nach Mittelitalien, ins Tibertal und die Campagna, führten wie in den Süden zu den reichen griechischen Städten Apuliens. Die strategische Bedeutung dieser Stellung ist einleuchtend. Das senonische Gebiet wird sicherlich Ausgangspunkt der Feldzüge gegen die griechischen und etruskischen Städte, die in regelmäßigen Abständen bis zum letzten Drittel des 4. Jahrhunderts stattfinden. Übrigens werden den Senonen von der geschichtlichen Überlieferung die Belagerung von Clusium (Chiusi) im Jahr 386 sowie die darauffolgenden Ereignisse zugeschrieben: die Niederlage der römischen Armee an der Allia und die Plünderung der Stadt, die sich nur durch ein hohes Lösegeld befreien konnte.

Eine andere Möglichkeit, ihre kriegerischen Fähigkeiten und Bedürfnisse anzuwenden und zu befriedigen, bot sich den Kelten im Söldnerdienst, der zu jener Zeit einen beachtlichen Aufschwung erfuhr. Keltische Truppen im Dienst des Dionysius von Syrakus nahmen seit 369/368 an der Seite spanischer Kontingente an den Kämpfen am Isthmus von Korinth teil. Es ist möglich, daß die Rekrutierung dieser Söldner durch die Vermittlung des Handelsplatzes Ancona stattfand. Diese Möglichkeiten mußten das Gebiet der Senonen sehr schnell zu einem Anziehungspunkt ersten Ranges für jene Menschen nördlich der Alpen machen, welche die Notwendigkeit oder die Abenteuerlust zum Auswandern zwang.

Der neue Pflanzen-Stil

Im Zuge der keltischen Invasion in Italien entsteht ein stetes Kommen und Gehen zwischen verschiedenen Regionen Innereuropas und dem südlichsten Brückenkopf der Kelten südlich der Alpen. Die auffallendste Folge dieser Erscheinung ist die schnelle Ausbreitung eines neuen Stils der Verzierung, der aus dem Zusammentreffen der latènischen plastischen Kunst – die seit dem Ende des 5. Jahrhunderts zur vollen Reife gelangt war – mit dem ornamentalen Reichtum der Griechen und Etrusker entstanden war.

Der wichtigste Bestandteil dieser neuen Kunst sind Pflanzenmotive griechischen Ursprungs, unter denen die Ranke aufgrund ihres kraftvollen Charakters die bestimmende Rolle spielt. Der Wechsel ist vollständig: Die Aneinanderreihung der Motive wird durch ihre stete Verknüpfung ersetzt, die bildlichen Darstellungen und die orientalisierenden Aspekte verwischen sich schnell, und dynamische Gliederungsprinzipien tauchen auf.

Diese stilistische Strömung wurde als „Stil von Waldalgesheim" oder „Rankenstil" bezeichnet. Er stellt das Hauptfundament jener plastischen Sprache von bemerkenswerter Ursprünglichkeit dar, die von den Kelten der jüngeren Eisenzeit geschaffen wurde. Die Untersuchung der für diesen Stil charakteristischen Hauptwerke zeigt klar, daß sie nur im Gebiet der Senonen am Rande der etruskischen Welt in Italien entstehen konnten und daß sie stark von griechischen Einflüssen geprägt sind, die sowohl aus dem Mutterland als auch aus Apulien und aus der Campagna herrührten. Die Hypothese der Entstehung dieses neuen Stils in den keltisch-italischen Werkstätten ist die einzige, welche die schnelle Ausbreitung dieser Kunstformen ab der Mitte des 4. Jahrhunderts in Regionen Innereuropas erklären kann. Denn diese Gebiete hatten zu diesem Zeitpunkt offensichtlich keine direkten Kontakte untereinander, und es erweist sich als unmöglich, daß sie den neuen Stil von vorausgehenden Versuchen hätten ableiten können. Das Phänomen der Entstehung und der Verbreitung des neuen Stils erinnert in seinen Hauptzügen an die Verknüpfung der italienischen Kriege mit der Blüte der französischen Renaissance im 16. Jahrhundert: Die rückflutende Welle der Soldaten der italienischen Feldzüge befindet sich am Ausgangspunkt einer bedeutenden kulturellen Umwälzung.

Die keltisch-italische Kunst und ihre Verbreitung

Paradoxerweise stammen die ersten Erzeugnisse der neuen ornamentalen Richtung weniger aus dem vermutlichen Ursprungsgebiet als aus den Gebieten nördlich der Alpen, die ihr Einfluß erreichte. Tatsächlich ist die Zahl der verzierten La-Tène-Gegenstände, die in den Totenstädten der Marken gefunden wurden, zur Zeit nicht groß: Zwei mit einer getriebenen Bronzeplatte versehene Scheiden wurden in Moscano di Fabriano und in Filottrano entdeckt, wo auch ein goldener Halsring zutage gefördert wurde. Einige andere Stücke, die unglücklicherweise unter unbekannten Umständen gefunden wurden, können dieser Liste noch hinzugefügt werden. Die erwähnenswertesten sind: eine Reihe von metallischen Verzierungen, die einen Gegenstand unbestimmter Art (Karren, Holzgefäß?) schmückten und die in Comacchio gefunden worden sein sollen, in dem Gebiet also, wo sich der Handelsplatz Spina und seine Nekropolen befinden; eine Anzahl goldener Schmuckstücke, bestehend aus einem Halsring und zwei fast identischen Armreifen, die das Britische Museum in Belgien ohne Herkunftsangabe kaufte. Dieser Mangel an Informationen über den Fundort stellt jedoch zumindest eine indirekte Information dar, weil das Fehlen solcher Angaben bei den nach dem Ersten Weltkrieg unerlaubt aus Italien ausgeführten archäologischen Fundgegenständen üblich ist. Das Fehlen genauer Angaben über den Ort und die Umstände des Fundes ist um so bedauerlicher, weil diese drei Schmuckstücke den besten zur Zeit verfügbaren Beweis für einen direkten Kontakt zwischen keltischen Handwerkern innereuropäischer Herkunft und dem griechisch-etruskischen Milieu darstellen, dessen Folge die Entstehung einer neuen, spezifisch keltisch-italischen Kunst der La-Tène-Zeit ist. Die ringförmigen Schmuckstücke des Britischen Museums gehören zu einem von nördlich der Alpen stammenden Typ, der durch die pfropfenförmige Verdickung der Enden gekennzeichnet ist, aber das Dekor gibt einigermaßen getreu beliebte Motive der griechischen Goldschmiedekunst wieder: Hauptgegenstand ist eine schlanke Palmette, von einem Paar blühender Ranken flankiert, deren Stiele in gewundenen Linien aus einem Geflecht entspringen. Der Handwerker, der diese Gegenstände gestaltete, lehnte sich sicherlich ziemlich eng an ein griechisches Vorbild von guter Qualität an. Er macht sich sogar die Mühe, mittels einer anderen Technik, wahrscheinlich in Treibarbeit, die charakteristische Filigranarbeit und Körnung wiederzugeben.

Die schnelle Übernahme des mediterranen Repertoires wird auf dem goldenen Halsring von Filottrano deutlich, der in der reich ausgestatteten Grabstätte einer Frau gefunden wurde, die mit Hilfe der darin enthaltenen attischen Töpferwaren auf das zweite Viertel des 4. Jahrhunderts datiert werden kann. Die Hauptmotive sind zwar den oben erwähnten Schmuckstücken verwandt, haben sich aber vom Stil der Vorläufer schon ziemlich weit entfernt, weil hier die einzelnen Ornamentformen durch eine fortlaufende Verknüpfung verbunden sind. Diese Stileigenschaft, ein Ausdruck der Faszination, welche die Biegsamkeit und die zahlreichen ornamentalen Möglichkeiten der Ranken auf die keltischen Handwerker ausüben, wird von nun an zum Grundzug der ornamentalen Gestaltung in der La-Tène-Kunst und schlägt sich besonders schöpferisch und erfolgreich auf den Schwertscheiden des 3. Jahrhunderts nieder.

Unser gegenwärtiger Wissensstand erlaubt die Vermutung, daß das Eindringen und die Übernahme dieses Stils in Zentraleuropa sich nicht auf einmal, sondern in zwei Schritten abspielte. Der erste Impuls zur Verbreitung von Erzeugnissen der keltisch-italischen Werkstätten ging wahrscheinlich von einzelnen aus, die zum Kämpfen auf die Halbinsel gekommen waren, sowie von der nur auf einige Landstriche nördlich der Alpen beschränkten Tätigkeit in Italien ausgebildeter Handwerker. Die vermutlich keltisch-italischen Stücke ragen dabei zwischen den örtlichen Erzeugnissen durch die bessere Qualität ihrer Ausführung deutlich hervor. Die verwendeten Techniken sind häufig neu, und das Dekor umfaßt griechisch-etruskische Elemente, deren Natur und Herkunft noch zu erkennen sind. Es handelt sich allgemein um Einzelstücke, die von der Bretagne bis nach Böhmen verstreut sind. Zählen wir die wichtigsten auf: ein bruchstückhafter Helm, der in Saint-Jean-Trolimon im Departement Finistère gefunden wurde; ein prunkvoll mit Gold und Email verzierter Helm, der in einem alten Seitenarm der Seine bei Amfreville-sous-les-Monts entdeckt wurde – sein ähnlichstes Gegenstück wäre ein Helm aus einem Grab von Canosa in Apulien –; ein anderes, noch prächtigeres Exemplar aus Agris im Departement Charente; ein auf gleiche Weise gestaltetes scheibenförmiges Zierstück aus Auvers-sur-Oise; endlich ein goldener Halsring aus Oploty in Böhmen, der mit Verzierungen versehen ist, die den Eindruck eines karikaturenhaft verzerrten Gesichts hervorrufen und sich vom gleichen griechischen Vorbild herleiten, das auch die Gestaltung des bereits früher erwähnten Schmucks des Britischen Museums angeregt hat.

Die Entdeckung cines Grabes in Le Plessis-Gassot nördlich von Paris bestätigt zweifelsfrei, daß es Krieger gab, die zwischen Italien und den Ländern nördlich der Alpen hin- und herwechselten: Dem Toten waren zwei etruskische Trinkschalen mit schwarzer Glasur beigegeben, die wahrscheinlich in Volterra hergestellt worden sind, und zwar auf eine Weise, die den Kelten Italiens geläufig, nördlich der Alpen aber bis dahin unbekannt war. Es handelt sich also um eine Person, die (gegen Ende des 4. Jahrhunderts v. Chr. oder ganz am Anfang des darauffolgenden Jahrhunderts) nach Gallien zurückgekehrt war, um sich dort niederzulassen, nachdem sie in Italien als Krieger tätig gewesen war.

Das Grab von Waldalgesheim

Der aufsehenerregendste und meistdiskutierte Fund ist ein Wagenbegräbnis, das 1869 in Waldalgesheim entdeckt wurde, wo der Rhein die Ausläufer des Hunsrücks erreicht. Die Person, die hier mit Gerätschaften von absolut außergewöhnlicher Qualität und ebensolchem Reichtum begraben wurde, war, wie in dem Grab derselben Region im 5. Jahrhundert in Reinheim, eine Frau. Es besteht übrigens trotz des zeitlichen Abstands und abgesehen von der Neuheit des zweirädrigen Wagens eine gewisse strukturelle Verwandtschaft zwischen beiden Grabstätten: Die Dame von Waldalgesheim hat sicherlich ihren Platz in der Reihe der keltischen Prinzessinnen, die dank der kriegerischen Boudicca und der energischen Cartismandua – beides Königinnen der britannischen Insel im 1. Jahrhundert n. Chr., wie Tacitus berichtet – in die geschriebene Geschichte eingehen.

Der Rang der Fürstin von Waldalgesheim wurde nach dem Brauch des 5. Jahrhunderts durch die Bestandteile eines Weinservices angezeigt, besonders durch einen Krug mit röhrenförmiger Tülle, der sich von dem in Reinheim gefundenen nur durch kaum merkliche Einzelheiten unterscheidet: Die Form ist gedrungener, die Tülle ist weniger geschwungen, die krummlinigen Pflanzenmotive des eingravierten Dekors finden sich zwischen Reihen geometrischer Elemente (Dreiecke, Kreise); der Vierbeiner, der den Deckel ziert, hat keinen menschlichen Kopf mehr, aber die „Mistelkrone" ziert dafür ein bärtiges Gesicht auf der unteren Befestigung des Henkels; das Gesicht wird dieses Mal von einem Paar auf dem Kopf stehender Monster mit krummem Schnabel und Schlangenkörpern umrahmt. Der Vergleich der beiden Krüge ergibt eine unbestreitbare Verwandtschaft, die wahrscheinlich darauf zurückzuführen ist, daß beide aus der Tradition derselben Werkstatt stammen. Auch die Zeit, wahrscheinlich mehr als ein halbes Jahrhundert, die zwischen der Herstellung der beiden Krüge verstrichen sein mag, macht die Beständigkeit in der Natur und der Anordnung der Elemente des Dekors überraschend klar, wenn es sich nicht um eine einfache formale Übertragung handelt. Beim Studium der keltischen Kunst der jüngeren Eisenzeit sind zahlreiche ähnliche Erscheinungen festgestellt worden. Die Erklärung muß zweifellos in der Bedeutung der Hauptbestandteile des Dekors gesucht werden. Diese scheinen in der Tat der plastische Ausdruck einer mythologischen Gedankenwelt zu sein, die wir dank der bildlichen Darstellungen erahnen können: Der Widder und der „Gott mit der Mistelkrone", der sich so eng an den Lebensbaum anlehnt, daß er ihn in Waldalgesheim gar ersetzt, oder das Pferd, das in Reinheim mit einem gekrönten Haupt versehen ist, um seine Göttlichkeit besser anzuzeigen, bedeuten eine wichtige Veränderung. Das pflanzliche Element ist in Waldalgesheim durch eine Palmette vertreten, die so auf dem Rücken des Tieres plaziert ist, daß sie seine Anatomie unterstreicht. Die so ausgedrückte Botschaft war für die keltischen Benutzer dieser Gegenstände sicherlich ebenso offensichtlich, wie es für uns die der Darstellung des schlafenden Kindes zwischen Ochs und Esel ist. Seit ihren Anfängen läßt die La-Tène-Kunst inhaltlich die einfache magische Absicht hinter sich und enthüllt sich nunmehr oft als plastischer Ausdruck einer den keltischen Völkern eigenen Mythologie. Diese mit Anspielung arbeitende Darstellungsweise, die systematisch jede Situationsbeschreibung vermeidet, steht in tiefem Gegensatz zum mediterranen Geist, welcher der möglichst ebenso vollständigen wie genauen Wiedergabe der realen oder mythologischen Tatsachen verpflichtet ist. Man glaubte lange Zeit, daß sich die hauptsächliche Eigenart der Kunst der La-Tène-Zeit nur in ihren formalen Eigenschaften widerspiegele, hier erscheint nun aber ihre tiefgreifende Eigenständigkeit.

Der andeutende Charakter der keltischen Schöpfungen verstärkt sich im 4. Jahrhundert merklich; die keltisch-italische Strömung führt zu einer fortschreitenden Verdrängung der menschlichen und tierischen Darstellungen durch Pflanzenmotive, die in der griechisch-etruskischen Kunst nur eine ausschmückende Funktion hatten, deren Bedeutung in der latènischen Kunst aber noch unbekannt ist. Ein rein dekorativer Charakter dieser Kunst scheint wenig wahrscheinlich, wenn man die Natur der Übertragungen, welche die mediterranen Motive erfahren, verfolgt: Der eindeutigste Fall ist jene Palmette, die von einem Paar Ranken umschlossen wird, wobei durch feine Änderungen der ebenso ausdrucksvolle wie doppeldeutige Eindruck verzerrter Gesichter erweckt wird, ohne daß dadurch die eigentliche Struktur der Darstellung sehr verändert würde. Es scheint, daß der Künstler im mediterranen Repertoire der Ornamentformen die ideale Grundlage für ein ständiges Spiel auf der Grenze zwischen Abstraktion und bildlicher Darstellung gefunden hat; die Entschlüsselung des Ergebnisses ist eine ständige Herausforderung für die Auffassungsgabe und die Vorstellungskraft des Betrachters.

Der gesamte Goldschmuck aus der Grabstätte von Waldalgesheim – ein Halsring und zwei Armreifen – ist die feinste und ausgefeilteste Arbeit, die den keltisch-italischen Werkstätten zugeschrieben werden kann. Gewisse Fachleute haben geglaubt, in der Verzierung dieser Meisterstücke, besonders in jener des Halsrings, die keltische Interpretation des Ornaments auf einem griechischen Bronzeeimer, der im gleichen Grab gefunden wurde und wahrscheinlich aus Tarent stammt, entdecken zu können. Dieser Künstler wäre so der Auslöser der stilistischen Erneuerung gewesen, die den Namen „Stil von Waldalgesheim" erhielt, und dieser neue Stil hätte sich vom Rheinland aus verbreitet. Es ist seither aber offenbar geworden, daß die Beziehung zwischen der Verzierung des Eimers und der des keltischen Schmucks nur scheinbar ist und daß eine strukturelle Unvereinbarkeit jede Verwandtschaft ausschließt. Die Anwesenheit des Eimers, der in Italien hergestellt wurde – ein fast identisches Stück wurde übrigens in einem senonischen Grab in Montefortino gefunden –, erhärtet also lediglich die Hypothese eines keltisch-italischen Ursprungs einzelner Teile der Ausstattung dieser wahrscheinlich auf das zweite Drittel des 4. Jahrhunderts zurückgehenden bemerkenswerten Grabstätte.

Die Funde im Marne-Gebiet

Das Gebiet zwischen dem mittleren Lauf der Seine und der Aisne ist dasjenige Gebiet nördlich der Alpen, dessen Beziehungen zu den keltisch-italischen Zentren im Verlauf der ersten Hälfte des 4. Jahrhunderts die zahlreichsten und intensivsten gewesen zu sein scheinen, wenigstens nach dem heutigen Stand der Forschung. In seinem nördlichen Teil – dem Marne-Gebiet – entstehen seit Beginn des Jahrhunderts Grabstätten von Kriegern, die auf ihrem Wagen zusammen mit einer außergewöhnlichen Ausrüstung begraben werden; es fanden sich zahlreiche wertvolle Teile des Geschirrs, Metallverzierungen des Wagens oder des Jochs, Bronzehelme und anderes. Die Gräber von Saint-Jean-sur-Tourbe, Somme-Tourbe „La Gorge-Meillet", Berru, Cuperly, Ecury-sur-Coole und Sept-Saulx, um nur die bekanntesten zu erwähnen, enthüllen den Wetteifer eines kriegerischen Adels nach Gegenständen, deren Originalität und Qualität zur Vermehrung ihres Ansehens beitragen. Die Vielfalt der Funde ist bemerkenswert. Diese Gräber scheinen fast aus derselben Zeit zu stammen, wenn man aber die hauptsächlich vertretenen verschiedenen Geschirre vergleicht, stellt man nur eine funktionelle Gleichheit fest: Zu der Vielfalt der verwendeten Techniken gesellt sich die verschiedene Art und Ausführung der Verzierungen. Die Einzigartigkeit der Mehrzahl der Ausrüstungsgegenstände der Herren des Marnegebiets erschwert sehr die Unterscheidung zwischen den möglichen Einfuhren aus dem keltisch-italischen Raum und den unter ihrem Einfluß von ortsansässigen Handwerkern hergestellten Gegenständen. Diese letzte Möglichkeit kann für die Helme in Betracht gezogen werden: Sie unterscheiden sich von den keltisch-italischen durch ihre hohe und spitze Form, und das eingravierte Dekor auf dem Helm von Berru ist unbestreitbar die etwas unglückliche Abänderung der Verzierung einiger in Italien gefundener Stücke, die den griechisch-etruskischen Helmen noch sehr nahestehen.

Die Beziehungen zwischen dem Marnegebiet und der Welt südlich der Alpen sind möglicherweise nicht auf den Warenaustausch und starke Einflüsse beschränkt: Einer der möglichen Gründe für den plötzlichen Aufschwung der künstlerischen Produktion in der nördlichen Champagne ist möglicherweise die Aktivität, welche südlich der Alpen ausgebildete Handwerker hier entfalten. Den besten Beweis für diese Erscheinung stellen im Augenblick ein Dutzend Vasen dar, die in einer bis dahin im Gebiet nördlich der Alpen unbekannten Technik, welche jedoch die griechischen Keramikmaler verwendeten, verziert sind. Das Motiv wird negativ in einer dünnen Schicht aufgetragen, die beim Brennen eine tiefe Färbung erhält. Die Muster dieser Töpferwaren des Marnegebiets stammen direkt aus dem keltisch-italischen Repertoire, und ihre auf einer kreisförmigen und gewölbten Oberfläche schwierige Anbringung wurde mit bemerkenswerter Leichtigkeit bewerkstelligt. Die Hypothese der Herstellung durch einen einzigen Töpfer wird durch zwei Tatsachen zusätzlich unterstützt: Bis auf eine Ausnahme wurden diese Vasen alle an einander benachbarten Orten gefunden, und ferner hat man eine daraus abgeleitete Serie gefunden, bei der die Technik des „rotfigurigen Vasenstils" nur teilweise übernommen wurde. Die Muster sind diesmal wiederum direkt gemalt und zeigen Abänderungen und Zergliederungen. Diese punktuelle direkte Beziehung zwischen dem Marnegbiet und der Welt südlich der Alpen ist sicherlich keine Einzelerscheinung, aber es bleibt bis jetzt schwierig, in anderen Fällen eine solche zu erkennen.

Italien und die Senonen nördlich der Alpen

Die Beziehungen zwischen dem Gebiet um das Tal der Yonne und dem nördlichen Italien haben Spuren hinterlassen, die, obwohl sie augenscheinlich wenig Aufsehen erregen, von um so größerem Interesse sind, weil genau in diesem Gebiet das Volk der Senonen zu einer Zeit angesiedelt ist, als im 1. vorchristlichen Jahrhundert die ersten Informationen über die Bevölkerung dieses Teils Galliens festgehalten werden. Es scheint hier keine so reichen Grabbeigaben wie im Marnegebiet zu geben, aber die verhältnismäßig bescheidenen Grabstätten enthalten dennoch Gegenstände, die den deutlichen Stempel eines direkten keltisch-italischen Einflusses tragen. So hat das Dekor der Schwertscheide, die in Larchant entdeckt wurde, größte Ähnlichkeit mit dem auf einem in den Marken gefundenen Stück und könnte sogar dort hergestellt worden sein. Die meisten und die genauesten Hinweise liefern die Bronzehalsringe, die in diesem Gebiet eine absolut einzigartige Gestalt besitzen, bei der durchbrochene Teile im allgemeinen in Dreiergruppen über den Umfang verteilt sind. An diesen Halsringen läßt sich das andersartige Verzierungsrepertoire des Marnegebietes ablesen. Es enthält einen beträchtlichen Anteil von Motiven und Zusammenstellungen mit gewisser Kompliziertheit, die den griechischen Vorbildern des Pflanzenrankenstils noch sehr nahestehen und deren beste Beispiele keltisch-italischen Ursprungs sind. Der Halsring von Neuville-sur-Essonne zeigt eine charakteristische, aber seltene Verknüpfung zweier verschiedener Rankenmuster: Sie wurde bisher lediglich auf der Scheide von Moscano di Fabriano, auf dem Helm von Amfreville, auf der Ausstattung von Waldalgesheim und auf zwei gleichartigen Halsringen entdeckt – der eine wurde in Neuville-sur-Vanne gefunden, der andere in San Polo d'Enza in Oberitalien. Diese letzte Übereinstimmung ist besonders signifikant und liefert einen schwerwiegenden Beweis für die Existenz von direkten Beziehungen zwischen den beiden Gebieten, denn diese Art von Halsringen ist in den dazwischenliegenden Landstrichen unbekannt.

Die Armorika im 4. Jahrhundert

Die Armorika (etwa das Gebiet der heutigen Bretagne) ist nach unserem derzeitigen Wissensstand das westlichste der Gebiete, die direkte Beziehungen zur keltisch-italischen Welt unterhielten. Auch hier beeinflussen diese Beziehungen die örtlichen Erzeugnisse stark, was durch den bereits erwähnten, in Saint-Jean-Trolimon gefundenen bruchstückhaften Helm bestätigt wird. Der Pyramidenstein von Kermaria nahe Pont-l'Abbé trägt auf seinen vier Seitenflächen eine Ansammlung von kurvigen – dachziegelartig angeordnete S-Haken, eine vierblättrige Rosette – und geradlinigen Motiven – Varianten des griechischen Mäanders und des Hakenkreuzes. Eine solche Zusammenstellung beobachtet man nicht nur auf einer Anzahl von Gegenständen der La-Tène-Zeit, die mehr oder weniger direkt mit dem keltisch-italischen Milieu verknüpft sind, besonders auf den oben erwähnten Töpferwaren aus dem Marnegebiet mit Ornamenten im Stil der rotfigurigen Vasenmalerei, sondern auch auf Vasen von gleichartiger Form, die seit dem 5. Jahrhundert bei den Venetern der Poebene hergestellt werden.

Diese Einflüsse lassen sich in das zweite Drittel des 4. Jahrhunderts datieren, und ihnen muß man wahrscheinlich die aus der Armorika stammenden Keramiknachahmungen von mit prunkvollen eingravierten Verzierungen versehenen Metallgefäßen zuschreiben, deren Dekorationsart bei gewissen Teilen aus den Wagengräbern des Marnegebiets zu finden ist. Die Art und Dauer dieser hypothetischen Beziehungen zwischen der Armorika und der keltisch-italischen Welt liegt unglücklicherweise zum großen Teil im ungewissen. Es ist schwierig, ein zusammenhängendes Bild vom Auftauchen und von der Entwicklung der La-Tène-Erzeugnisse in diesem Gebiet herzustellen, dem die Seeverbindung mit den Inseln – ein wahrscheinlich mit dem Zinntransport zusammenhängendes Kommen und Gehen – eine herausragende Bedeutung verleiht. Die Armorika hat wahrscheinlich in gewissen Abschnitten der jüngeren Eisenzeit einen sekundären kulturellen Ausgangspunkt für Irland und Britannien dargestellt, aber sie konnte auch ihrerseits gewisse La-Tène-Elemente kontinentalen Ursprungs auf dem Weg über die Inseln erhalten haben, die als Handelsgüter direkt dorthin gelangt waren.

Das Ende der keltisch-italischen Ausstrahlung

Das oft weite Vordringen keltisch-italischer Gegenstände und Einflüsse scheint eine Erscheinung von verhältnismäßig kurzer Dauer und von letztendlich ziemlich begrenztem Wirkungskreis zu sein. Der Hauptgrund für die vergängliche Natur des keltisch-italischen Ornamentstils in der La-Tène-Kunst ist vielleicht das schnelle Verschwinden seines wichtigsten Ausgangspunktes, des senonischen Umfelds an der Adria. Denn dessen keltische Züge, die von Beginn an auf einige charakteristische Arten von Gegenständen beschränkt waren, verwischen sich fast vollständig unter dem griechisch-etruskischen Einfluß, während die fortschreitende Einstellung der Feindseligkeiten in Mittelitalien im zweiten Drittel des 4. Jahrhunderts die Verbindungen zu den Kelten nördlich der Alpen lockert. Das Schwert ist das einzige La-Tène-Element, das weiterhin in den senonischen Gräbern des letzten Drittels dieses

Jahrhunderts auftaucht, aber zu dieser Zeit war diese Waffe auch bereits von den eingeborenen italischen Völkern übernommen worden. So erlauben wegen der Gleichheit von Bewaffnung und Einrichtung nur der geographische Ort der Nektropolen und – manchmal – Besonderheiten in den Gräbnisbräuchen ihre Zuordnung zur einen oder anderen der vorhandenen ethnischen Gruppen.

Nur das Gebiet der Bojer südlich des Po scheint einigermaßen enge Kontakte mit den mittleren und östlichen Teilen des Keltengebietes nördlich der Alpen aufrechterhalten zu haben. Es deutet aber nichts darauf hin, daß es im 4. Jahrhundert einen dem senonischen Gebiet vergleichbaren Mittelpunkt kultureller Ausstrahlung hätte darstellen können.

Böhmen und der Ausgangspunkt in der Schweiz

Die Analyse der archäologischen Funde deutet als Hauptausgangspunkt der kulturellen Vereinheitlichung in den weiten Landstrichen, die sich von der Champagne bis zum westlichen Teil der Karpatensenke und von Böhmen bis zur Emilia erstrecken, auf ein ganz anderes Gebiet, nämlich die Schweiz. Ihre Stellung als nächste Verbindung zwischen den Provinzen der keltischen Welt diesseits und jenseits der Alpen verleiht ihr in der Tat im 4. Jahrhundert große Bedeutung. Es überrascht also nicht, daß, nachdem der erste Glanz des keltisch-italischen Zentrums einmal verblichen war, diese Region Hauptnutznießer der Beziehungen zwischen Nord und Süd war. Die Produktion der Schweizer Werkstätten, die ihrerseits stark durch die südlichen Nachbarn beeinflußt waren, gelangt infolge der Wanderung von Einzelpersonen oder von Gruppen in verschiedene Gegenden, wo sie den ortsansässigen Handwerkern als Vorbild dient. Diese zweite Phase der Verbreitung, die durch die Eroberung Italiens ausgelöst wurde, erreicht gegen Mitte des 4. Jahrhunderts ein besonderes Ausmaß. Ihr grundlegender Unterschied zur vorhergehenden rührt sehr viel weniger von einer gewissen zeitlichen Verschiebung her – es scheint übrigens, daß die beiden Erscheinungen sich während eines oder zweier Jahrzehnte überlagert haben – als von der Verbundenheit mit einem andersartigen gesellschaftlichen Untergrund.

Mit Ausnahme des Yonne-Beckens scheint es, daß sich die keltisch-italische Ausdrucksform anhand einzelner Stücke – Schmuck aus Edelmetall, Prunkwaffen oder -ausrüstungen – verbreitete, die ebenso wie die örtliche Produktion der besten Handwerker einer kleinen kriegerischen Oberschicht vorbehalten waren. Im Gegensatz dazu wird der Stil, der vom schweizerischen Hochland ausgeht, durch Bronzeschmuck – Fibeln, Ringschmuck und anderes – charakterisiert, der nun in oft umfangreichen Serien hergestellt wird und für eine große Kundschaft bestimmt ist. Diese neue Einstellung gegenüber der Mode schlägt sich in der Übernahme gleichartiger Gegenstände in verschiedenen Provinzen der keltischen Welt nieder, zeigt sich aber auch in der Übertragung der Bekleidungssitten und einer gewissen Vereinheitlichung dieses wichtigen ethnographischen Merkmals in weiten Gebieten.

Die Beziehungen zwischen der Schweiz und Böhmen sind in dieser Hinsicht beispielhaft: Das Auftauchen von Schmuckstücken, die sich von Schweizer Formen ableiten, wird in dieser Region von der Einführung von Schmuckgegenständen, insbesondere der Fußreifen, begleitet, die hier bis dahin unbekannt waren. Diese Erscheinung kann sicherlich nicht als das Ergebnis einer Bevölkerungsverschiebung betrachtet werden, weil die Fußreifen von den reichsten keltischen Frauen Böhmens in fortschreitender Weise – Gruppe für Gruppe – übernommen werden; sie werden zunächst zögernd und unregelmäßig getragen. Nach den Anzeichen aus den Grabstätten vergehen vier oder fünf Generationen, bevor sie allgemein verbreitet und ein Unterscheidungsmerkmal einer Gesellschaftsschicht sind: der der erwachsenen Frauen, welche den Gipfel der Hierarchie jeder Gemeinschaft bilden. Seltsamerweise wird aber dieser Schmuck fremdländischer Herkunft vom Beginn des 3. Jahrhunderts an für die mittelöstlichen und östlichen Kelten das bezeichnendste weibliche Schmuckstück überhaupt und ein wesentlicher Bestandteil der Bekleidung. Immer größer und auffallender geworden, werden die Fußreifen nun zum Gegenstand künstlerischen Strebens der Handwerker.

Der „Schatz" von Duchcov

Im Jahre 1882 wurde durch Zufall anläßlich der Einfassung einer Thermalquelle in Duchcov im Nordwesten Böhmens eine Ansammlung von Gegenständen entdeckt, bei denen sich die Charakteristika der Herstellung und der Verbreitung des La-Tène-Schmucks der zweiten Hälfte des 4. Jahrhunderts wiederfinden. Die ungefähr zweitausend Schmuckstücke, Fibeln, Armreifen und Ringe, die in einem häufig geflickten Bronzekessel versenkt wurden, dürften eine bei den Kelten übliche Opfergabe darstellen, wie es von den alten Texten berichtet und von entsprechenden Funden belegt wird.

Ein Vergleich mit dem Material, das in den La-Tène-Nekropolen Böhmens gesammelt wurde, zeigt, daß es sich bei den Fundstücken von Duchcov um charakteristische Formen des von Moldau, Elbe und dem Erzgebirge umschlossenen Gebietes handelt, wobei es eher eine von den Frauen zusammengetragene Opfergabe ist als eine Kriegsbeute. Es scheint, daß es sich hierbei nur um einen wahrscheinlich freiwilligen Akt teilweiser Entsagung handelt; tatsächlich fehlen unter diesen Fundgegenständen gewisse Schmuckarten – Hals- und Fußreifen – völlig, die gewöhnlich in den zeitgenössischen Gräbern gefunden werden. Man muß im Gegenteil hervorheben, daß die Bestandteile dieses Schatzes alle verhältnismäßig leicht sind und somit mit geringeren Kosten zu ersetzen waren als schwerere Schmuckstücke.

Die Sammlung muß sicherlich den größeren Teil, wenn nicht die gesamte keltische Bevölkerung Nordwestböhmens betroffen haben, denn der Schatz von Duchcov zählt fast tausend Bronzefibeln, während die reichsten der zeitgenössischen Grabbeigaben nur vier bis sechs enthalten.

Dieser Fund ist in mehrfacher Hinsicht interessant: Es wurde eine Vielzahl von gleichartigen Gegenständen (Fibeln) gefunden, doppelt soviel wie in allen La-Tène-Grabstätten Böhmens zusammen; sie stammen aus einem gut abgegrenzten und nicht zu großen geographischen Gebiet; sie entstammen einem verhältnismäßig kurzen Zeitraum von weniger als einem halben Jahrhundert. Unglücklicherweise hat sich der Schatz von Duchcov in zahlreiche in- und ausländische Sammlungen verteilt und konnte noch nicht vollständig registriert werden. Die bis heute untersuchten Gegenstände, besonders ungefähr siebenhundert Fibeln, genügen dennoch, um eine erste Bilanz zu ziehen. Bis auf wenige Ausnahmen gehören die Fibeln alle einigen wohldefinierten Typen an, deren Hauptkennzeichen bemerkenswert beständig sind und deren Variationen auf sekundäre Merkmale wie Art und Ausführung der Verzierung hinauslaufen. Diese Fibeln sind einheimische Nachahmungen von aus der Schweiz bekannten Typen, was durch zahlreiche Beobachtungen bestätigt wird. Als Beispiel sei eine Fibel mit scheibenförmigem Fuß genannt, auf der an derselben Stelle, wo sich auf den helvetischen Exemplaren die Korallenperlen befinden, eine Kappe aus getriebenem Bronzeblech angebracht ist, die jene getreulich nachahmt. In Form und Dekor identische Fibeln, die sich nur durch sehr kleine Abweichungen in den Abmessungen der bezeichnendsten Merkmale in der Größenordnung von Zehntelmillimetern unterscheiden, gestatten es, Serien zu rekonstruieren, die sicherlich aus derselben Werkstatt, wenn nicht sogar aus der Hand desselben Meisters stammen. Die wichtigste dieser Serien umfaßt heute ungefähr vierzig identische Exemplare, die nächste etwa dreißig, weitere gegen zehn und einige noch weniger. Diese Schmuckstücke waren also das Werk hochspezialisierter Bronzehandwerker, die in der Lage waren, einige zehn, wenn nicht gar Hunderte identischer Gegenstände von einiger Kompliziertheit herzustellen. Aus den Ausgrabungen konnte bis heute noch nicht auf die Standorte dieser Werkstätten geschlossen werden, aber einige Fibeln, die zu den genannten Serien gehören, stammen aus einander benachbarten Gräbern und geben so eine Vorstellung von ihrer Verbreitung. Das Dutzend Fundorte beschreibt einen Kreis von ungefähr vierzig Kilometern Radius, dessen Mittelpunkt sich ungefähr auf halbem Wege zwischen Moldau und Erzgebirge befindet. Dieses Verbreitungsgebiet ist verhältnismäßig begrenzt, verglichen mit dem Verbreitungsgebiet der auf den großen Verbindungswegen gelegenen Werkstätten. So wurden Fibeln derselben Serie, die wahrscheinlich in einer Werkstatt der Schweiz hergestellt wurden, unter den Grabbeigaben von Carzaghetto (Provinz Mantua), Cerinasca d'Arbedo (Kanton Tessin), Saint-Sulpice (Kanton Waadt), Münsingen (Kanton Bern) und Andelfingen (Kanton Zürich) identifiziert. Die weiteste Entfernung beträgt ungefähr dreihundert Kilometer Luftlinie. Sie ist für eine andere Serie, deren Bestandteile in Corsier bei Genf, in Diou im Département Allier und an mehreren Orten im Marnegebiet gefunden wurden, sogar noch um fünfzig Kilometer größer.

Die keltische Gesellschaft gegen Ende des 4. Jahrhunderts

Schmuckstücke, die wahrscheinlich in der Schweiz hergestellt wurden, fanden sich sogar ungefähr achthundert Kilometer entfernt, in der südwestlichen Slowakei. Es ist in diesem Fall jedoch wenig wahrscheinlich, daß es sich auch hier um Schmuck aus einem Handelstransport handelt: Diese auf nichtkeltischem Gebiet zutage geförderten Gegenstände fanden sich zusammen mit Kleidungsstücken und Totengewändern, wie sie bei den helvetischen Kelten gebräuchlich waren. Aus dieser Tatsache legt sich die Hypothese der Ortsveränderung von Menschengruppen nahe. Eine solche Erscheinung ist nicht überraschend. Der keltische Vorstoß nach Osten, der zu Beginn des 4. Jahrhunderts begonnen hatte, verstärkt sich im Verlauf der zweiten Hälfte in dem Maße, wie sich die italischen Absatzmärkte verringern. Die Besetzung der Karpatensenke während der letzten Jahrzehnte des Jahrhunderts hat eine radikale Änderung des inneren Gleichgewichts der keltischen Welt zur Folge. Die Schweiz verliert an Bedeutung gegenüber den zu den neuen Ländern günstiger gelegenen Provinzen – Böhmen und das benachbarte Mähren werden somit zeitweise zum Angelpunkt der neuen Expansion.

Das keltische Europa bietet nach dem ständigen Durchzug von Menschen, Waren und Einflüssen von Nord nach Süd und von West nach Ost gegen Ende des 4. Jahrhunderts das Bild einer absolut dynamischen und ausgewogenen Welt, deren innere Struktur einfach, beständig und gleichförmig erscheint und in der Konfliktsituationen jedesmal dank einer erfolgreichen Expansion überwunden werden. Die Kraft und der Antrieb dieser Gesellschaft sind jene Menschen, genauer jene Krieger, die mit ihrer Kampfausrüstung – Lanze, Schild und immer das lange Schwert – und ihren Gefährtinnen begraben sind. Der gesellschaftliche Rang vor allem der Frauen läßt sich dank der für die jeweiligen Gegenden spezifischen Schmuckstücke, die sie tragen, bestimmen: des Halsrings, der Fußreifen usw. Die Grabstätten dieser keltischen Krieger sind über eine Vielzahl von Nekropolen verstreut, deren jede auf eine kleine Gemeinde hinweist. Die größten heute bekannten Nekropolen umfassen nicht mehr als zwei bis drei Familien pro Generation. Ihre Dichte ist indes bemerkenswert: Sie bilden, wenigstens in den am besten untersuchten Gebieten, entlang der Wasserläufe ein Netz von Orten, die zwei bis vier Kilometer voneinander entfernt sind. Die Wohnstätten sind weniger gut bekannt als die Totenstätten. Die Ausgrabungen großen Ausmaßes, die in Böhmen unternommen wurden, erlauben jedoch die Annahme, daß die Verteilung der Grabstätten und jene der Wohnstätten identisch waren; sie lagen nur wenige hundert Meter voneinander entfernt. Die Siedlungen, die bis heute entdeckt wurden, sind kleine Weiler oder einzelne Bauernhöfe, die aus mehreren Gebäuden bestanden. Nichts bestätigt die Existenz von größeren Ortschaften oder von handwerklichen Produktionszentren, die nicht in das bäuerliche Milieu integriert wären.

Die archäologischen Funde erhärten die Genauigkeit der Beschreibung der Kelten nach ihrer Niederlassung südlich der Alpen, die Polybius später in seine „Geschichte" aufnimmt: Die keltischen Siedlungen sind unbefestigte Dörfer; ihre Bewohner betreiben kein Handwerk, schlafen auf Strohlagern, ernähren sich nur von Fleisch, kennen als Beschäftigung nur den Krieg und die Viehzucht, führen ein einfaches Leben und kennen keine Form von Wissenschaft oder Kunst. Ihre Besitztümer bestehen aus Herden und aus Gold, denn das sind die einzigen Dinge, die sie auf ihren Zügen mit Leichtigkeit mitnehmen können; sie bilden Clans, und die Bedeutung einer Persönlichkeit richtet sich nach der Zahl ihrer Schützlinge oder der von ihr abhängigen Personen.

Dieser Text ist ein Dokument von bemerkenswerter Wiedergabetreue; sogar die Aussagen, welche wir heute als falsch erkannt haben – Fehlen von Handwerk, Kunst und

Wissenschaft –, sind seitens eines antiken Städters völlig verständlich, der unfähig war, eine barbarische Gesellschaft nach anderen als seinen eigenen Maßstäben zu beurteilen.

Der Höhepunkt der La-Tène-Kunst im 3. Jahrhundert

Diese Schwierigkeit der richtigen Beurteilung zeigt sich heute noch in gewissem Maß, besonders bei der Untersuchung des künstlerischen Schaffens der Kelten der jüngeren Eisenzeit. Dies läßt sich wahrscheinlich am besten anhand des langsamen und mühseligen Fortschritts in der Kenntnis und der Einschätzung der La-Tène-Kunststilrichtungen beurteilen, die seit den letzten Jahrzehnten des 4. Jahrhunderts auf die Blüte der keltisch-italischen Kunst und ihre Rückwirkungen in den Gebieten nördlich der Alpen folgen.

Es scheint jetzt, daß man das 3. Jahrhundert nicht mehr als eine Periode des ein wenig gezierten und im Grunde dekorativen Manierismus betrachten kann. Im Verlauf dieses Jahrhunderts entstehen im Gegenteil Schöpfungen, deren Ursprünglichkeit, Ausdruckskraft, Erfindungsreichtum und Formvollendung kein Gegenstück mehr auf dem Kontinent finden, es sei denn in der Münzkunst Galliens. Diese neue Sicht der keltischen Kunst des 3. Jahrhunderts wird noch nicht von allen Forschern akzeptiert. Die einen sehen den Höhepunkt der La-Tène-Kunst bereits in den überwiegend orientalisch geprägten Werken des 5. Jahrhunderts, während die Mehrzahl der anderen ihn in den Zeugnissen des 4. Jahrhunderts sieht, deren bestes Beispiel die Gerätschaften von Waldalgesheim sind. Es ist zwar richtig, daß diese beiden Perioden Meisterstücke von Künstlern hinterlassen haben, die es verstanden, die von Etruskern und Griechen entliehenen Grundlagen dem keltischen Geist anzupassen. Doch die formale Einschränkung durch die

Vorbilder bleibt im 5. und 4. Jahrhundert stark genug, um die Entstehung einer völlig in sich zusammenhängenden, eigenständigen plastischen Sprache zu verhindern.

Der endgültige Wechsel im Dekorationsstil tritt in der zweiten Hälfte des 4. Jahrhunderts mit der Entwicklung einer handwerklichen Produktion im großen Maßstab ein. Aus der Anwendung der vorhandenen Erfahrungen heraus entstehen in verschiedenen Gebieten Mitteleuropas oft sichtlich rauhe oder derbe Stücke, deren Neuheit und Bedeutung in der Unbekümmertheit wurzeln, mit der die formalen Bande gesprengt wurden, welche die La-Tène-Kunst noch mit der mediterranen verband. Die letzte Einschränkung durch Stileinflüsse von außen ist somit aufgehoben, und die keltischen Künstler können nun in völliger Freiheit die Regeln einer unabhängigen plastischen Sprache erschaffen. Der beste Beweis für ihren Erfolg ist die aus Ratlosigkeit und einer gewissen Beunruhigung gemischte Faszination, welche die Meisterwerke dieser Periode bei Betrachtern hervorrufen, deren Kunstverständnis von der klassischen Kunst geprägt ist. Die Eigenständigkeit dieser Erzeugnisse spiegelt sich unter anderem in der Lage und der Ausstrahlung ihrer Entstehungsorte wider. Während die künstlerischen Hauptzentren des 5. und 4. Jahrhunderts sich abhängig von den verschiedenartigen Kontakten mit der Mittelmeerwelt, besonders mit Norditalien, entwickelt hatten, spielen jetzt die von diesen Beziehungen am wenigsten berührten Regionen – Böhmen, Mähren und die angrenzenden Gebiete – seit Beginn der letzten Jahrzehnte des 4. Jahrhunderts eine vorherrschende Rolle.

Die Ausbreitung im Donauraum und die Festigung der keltischen Macht in den besetzten Gebieten haben im Verlauf der ersten Hälfte des 3. Jahrhunderts eine Verschiebung des Schwerpunkts der keltischen Welt nach Osten, bis in den östlichen Teil der Karpatensenke, zur Folge. Diese Veränderung ist im Bereich der Kunst besonders fühlbar. Die Werkstätten dieser Region schöpfen aus der hohen technischen Tradition der keltischen Handwerker, die noch durch gewisse Anleihen aus dem Donauraum und dem hellenischen Milieu bereichert wird. Sie beherrschen den Bronzeguß, besonders das Verfahren der verlorenen Form, in bemerkenswerter Weise und sind auch in der Lage, mit derselben Finesse und derselben Formenvielfalt Eisen zu verarbeiten, das mit einer gleichermaßen überraschenden Leichtigkeit geprägt oder graviert wird. Die Erzeugnisse enthüllen eine Virtuosität in der Formgebung – besonders in den üppigen Formen der ringförmigen Schmuckstücke –, welcher nur noch die Kühnheit und Phantasie gleichkommt, mit der fließende Linien Darstellungen von Fabeltieren – hauptsächlich auf den prunkvoll gravierten Scheiden oder Lanzenspitzen – umschlingen.

Die Kunst der Andeutung, der Suggestion und der gleichzeitig ausdrucksstarken und geheimnisvoll andeutenden Darstellung erreicht jetzt ihren Höhepunkt. Der Betrachter vermag den Aufbau des Ganzen nicht mehr zu durchschauen, obwohl er immer noch strengen Regeln gehorcht. Er wird von einem Strom von Metamorphosen mitgerissen, in dem das Pflanzliche und das Tierische, das Bildliche und das Abstrakte so vollständig vermischt sind, daß es unmöglich wird, sie zu trennen. Gewisse Schöpfungen sind von einer solchen Originalität, daß nur die Kühnheit der modernen Kunst Vergleichbares anbieten kann. Um solche Vergleiche beurteilen zu können, genügt es, das erstaunliche Gefühl für eckige und runde Formen zu beobachten, mit dem die Fußreifen von Uhrice in Mähren oder von Batima an der Donau, wie auch zahlreiche andere entsprechende Schmuckstücke geformt wurden.

Die Eigenständigkeit dieser plastischen Sprache erklärt die auch heute noch bestehende Schwierigkeit, ihre Bedeutung wenigstens ebenso annähernd und bruchstückhaft wie bei den früheren oder den späteren Zeitabschnitten zu erkennen. Es scheint trotzdem unbestreitbar, daß diese Kunst keine einfach schmückende Funktion hatte und daß die Wiederholung gewisser Motive in der Gesamtheit der keltischen Welt eher von ihrer Bedeutung als von ihren gestaltenden Qualitäten herrührt. Auf diesem Gebiet liegt noch alles im dunkeln. Die theoretisch mögliche Entzifferung der Ornamentformen und ihrer Aussagen wird sicherlich langwierig und umständlich sein, und das Ergebnis wird zweifellos immer stark hypothetisch bleiben. Dieser grundlegende Aspekt der keltischen Kunst ist leider fast völlig unbekannt, aber es wäre unvorsichtig und intellektuell wenig befriedigend, wenn man seine Existenz völlig verdrängen wollte. Dies um so mehr, als dieses erstaunliche künstlerische Phänomen eine bedeutende gesellschaftliche Funktion sowie wahrscheinlich eine religiöse oder magische Funktion hatte und sicher innerhalb der keltischen Welt in einem räumlichen und zeitlichen Zusammenhang stand.

Der Goldschmuck der Krieger

Die Zahl der verzierten Gegenstände aus dieser Periode ist sehr viel größer als die aus den vorhergehenden Jahrhunderten. Diese Tatsache kann nicht auf eine ungleichmäßige archäologische Dokumentation zurückgeführt werden, und sie erklärt sich noch weniger ausschließlich aus der territorialen Ausdehnung der keltischen Welt, die damals ihren Höhepunkt erreicht. Tatsächlich ergibt die Betrachtung der einzelnen Regionen dieselbe Tendenz. Der Hauptgrund war sicherlich die gute Aufnahme, die diese neue plastische Kunst bei einem deutlich größeren Teil der sozialen Schichten der keltischen Welt fand. Indessen entzieht sich trotz der Zahl und der Qualität der verfügbaren Stücke ein sehr wichtiger Teil der Kunstschöpfungen aus dieser Zeit noch unserer Kenntnis. Fast alle bekannten Erzeugnisse sind nämlich Gegenstände aus Bronze oder Eisen, während Stücke aus Edelmetallen äußerst selten sind. Der

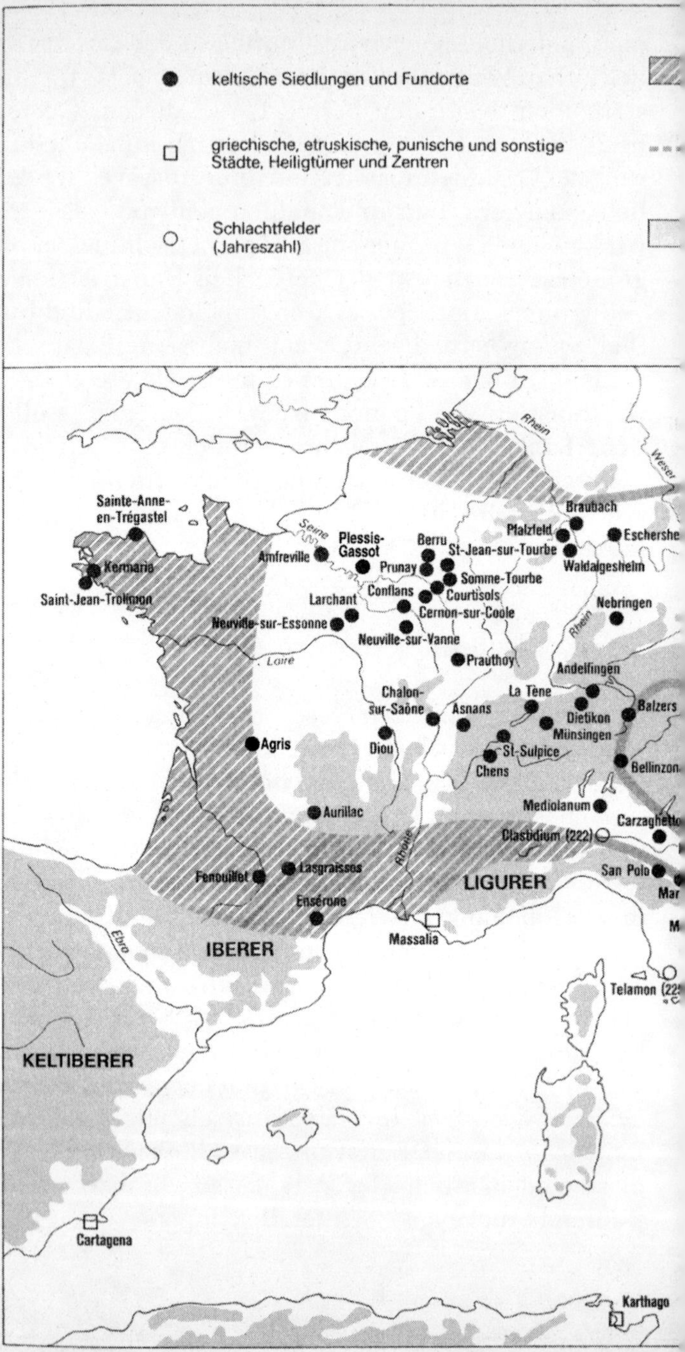

keltische Siedlungen und Fundorte
griechische, etruskische, punische und sonstige Städte, Heiligtümer und Zentren
Schlachtfelder (Jahreszahl)
Rhein
Weser
Seine
Loire
Rhône
Ebro
Sainte-Anne-en-Trégastel
Kermaria
Saint-Jean-Trolimon
Amfreville
Plessis-Gassot
Berru
Prunay
St-Jean-sur-Tourbe
Somme-Tourbe
Conflans
Courtisols
Larchant
Cernon-sur-Coole
Neuville-sur-Essonne
Neuville-sur-Vanne
Prauthoy
Braubach
Pfalzfeld
Waldalgesheim
Nebringen
Andelfingen
La Tène
Chalon-sur-Saône
Asnans
Dietikon
Balzers
Münsingen
St-Sulpice
Chens
Diou
Agris
Aurillac
Mediolanum
Clastidium (222)
Lasgraisses
Fenouillet
San Polo
LIGURER
Ensérune
Massalia
IBERER
KELTIBERER
Cartagena
Karthago

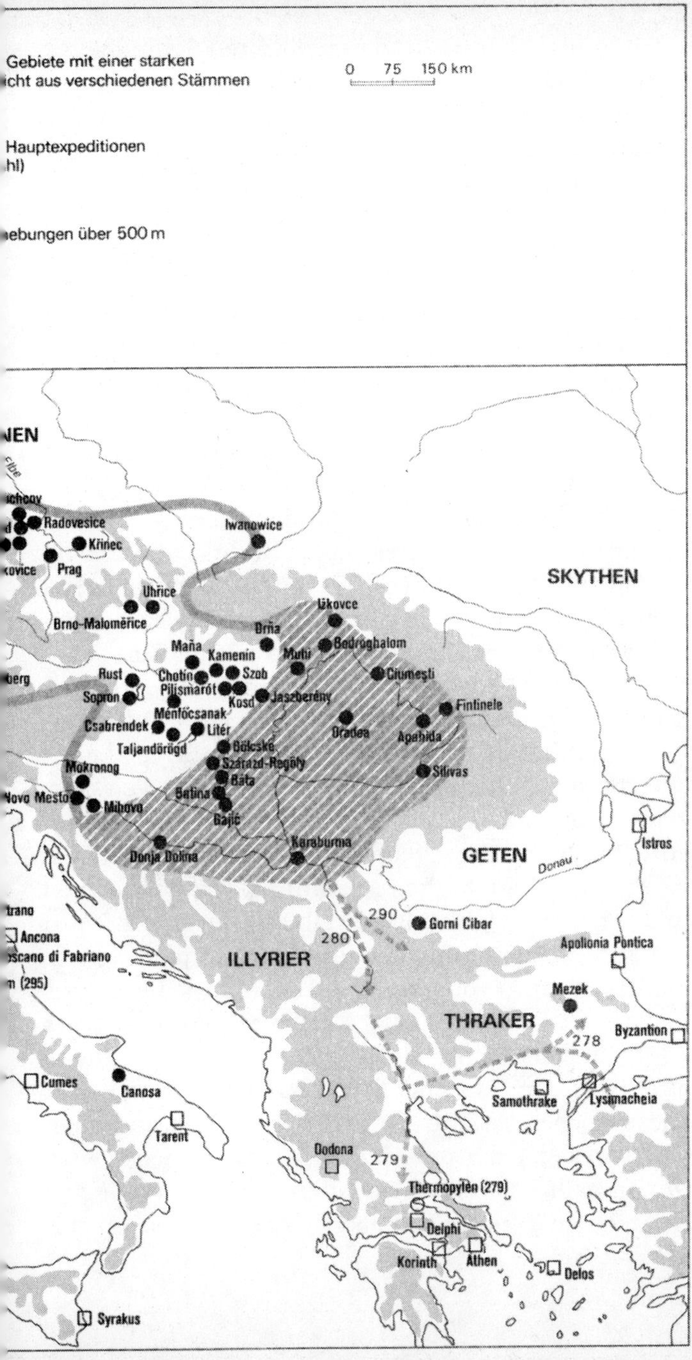
Gebiete mit einer starken
icht aus verschiedenen Stämmen
0 75 150 km
Hauptexpeditionen
hl)
ebungen über 500 m
NEN
Elbe
Radovesice
Křinec
Prag
Iwanowice
SKYTHEN
Uhřice
Brno-Malomĕřice
Izkovce
Drňa
Bodroghalom
Maňa
Kamenin
Muhi
Rust
Chotín
Szob
Ciumeşti
Sopron
Pilismarót
Kosd
Jaszberény
Fintinele
Ménföcsanak
Csabrendek
Litér
Oradea
Apahida
Taljandörögd
Bölcske
Szárazd-Regöly
Mokronog
Báta
Sillvas
Novo Mesto
Mihovo
Batina
Gajić
Istros
Donja Dolina
Karaburma
GETEN
Donau
290
Gorni Cibar
Ancona
280
Apollonia Pontica
scano di Fabriano
ILLYRIER
(295)
Mezek
THRAKER
Byzantion
278
Cumes
Canosa
Samothrake
Lysimacheia
Tarent
Dodona
279
Thermopylen (279)
Delphi
Korinth
Athen
Delos
Syrakus

Grund dafür ist sicher nicht, daß die Kelten Schmuck aus Gold zugunsten bescheidenerer Materialien aufgegeben hätten, denn die Zeugnisse für die Bedeutung der Gold- und Silberverarbeitung bei den Kelten des 3. Jahrhunderts häufen sich. Livius gibt eine besonders beredte Beschreibung der Beute, welche die Römer im Jahr 191 den Bojern Oberitaliens, die schon bei mehreren Eroberungen ausgeplündert worden waren, abnahmen: an die fünfzehnhundert Goldtorques, ungefähr fünfundsiebzig Kilogramm Gold, mehr als sieben Zentner Silber, zum Teil in Form von Vasen, die nach der Einschätzung des Geschichtsschreibers „auf ihre Art nicht kunstlos waren", schließlich ungefähr zweihundertdreißigtausend Münzen, wahrscheinlich aus Silber. Nun wurde aber das einzige Silbergefäß der La-Tène-Zeit, das erhalten geblieben ist, auf dänischen Gebiet, in Gundestrup, gefunden, und es wurde wahrscheinlich im 1. Jahrhundert v. Chr. bei den Ostkelten hergestellt. Die Passage bei Livius stellt also den einzigen Hinweis auf das Vorhandensein solcher Gegenstände in früherer Zeit dar.

Die Goldtorques oder Halsringe werden zu wiederholten Malen unter den Beutestücken von besiegten Kelten erwähnt. So erzählt Polybius, daß der siegreiche Konsul nach der Schlacht von Telamon im Jahr 225 die vom Feind erbeuteten Feldzeichen und die Goldtorques auf dem Kapitol ausstellte. In seinem Kampfbericht erwähnt er die nackten Krieger in der ersten Reihe, „geschmückt mit goldenen Hals- und Armreifen", eine Beschreibung, die sich mit den hellenistischen Darstellungen keltischer Kämpfer, wie sie uns überliefert sind, vollständig deckt. Man kann daraus schließen, daß der Halsring aus Edelmetall ein besonders wichtiges Zeichen männlichen Ansehens war. Dennoch enthielten von den Tausenden von Kriegergräbern dieser Zeit, die zwischen Atlantik und Karpaten und zwischen dem Oberlauf der Oder und dem Apennin entdeckt wurden, nur ein halbes Dutzend, und diese auch nicht alle mit Sicherheit, einen Torques, der aber aus Bronze oder aus Eisen bestand. Nun ist aber diese Art Schmuck im Gegenteil charakteristisch für Frauengräber. Die Unvereinbarkeit von archäologischer Dokumentation und geschriebenen Quellen ist offensichtlich; schon im 19. Jahrhundert sind die Fachleute darauf aufmerksam geworden. Auch heute zeitigt sie noch die verschiedensten Interpretationen. Die einzige plausible Erklärung scheint die Existenz eines allgemein beachteten Gesetzes auf wahrscheinlich eher religiöser als wirtschaftlicher Grundlage zu sein, das die Niederlegung dieser Art von Gegenständen in den Grabstätten verbot. Die Halsringe aus Bronze in den Gräbern geben also ein unvollständiges, fälschlicherweise gleichförmiges und schmuckloses Bild von der Klasse der Krieger.

So entzieht sich der wahrscheinlich prunkvollste und verfeinertste Teil der Produktion der keltischen Werkstätten unserer Kenntnis. Nur einige wenige Gegenstände, von denen jedoch keiner im Zusammenhang mit einer Grabstätte gefunden worden zu sein scheint, erlauben, sich ein Bild von der Qualität dieses Schmucks zu machen. Unter ihnen sind der Halsring und der Armreif, die 1885 in Frankreich in Lasgraïsses (Departement Tarn) gefunden wurden, besonders bemerkenswert. Sie gehören wahrscheinlich zum Schmuck eines Kriegers von der Art, wie er von Polybius beschrieben wird: Der Armreif, der nach den verschiedenen antiken Darstellungen um den Oberarm getragen wurde, hat einen deutlich größeren Durchmesser als die weiblichen Schmuckstücke und konnte daher nur einen männlichen Arm schmücken. Unter ihrer üppigen Oberfläche, die einen chaotisch wuchernden Eindruck macht, enthüllen diese erstaunlichen Stücke eine festgefügte Ordnung des Dekors. Die ursprüngliche Form des Halsrings scheint von den Blumenkronen der hellenistischen Goldschmiedekunst inspiriert worden zu sein, wo ein verdrehtes Band die verschiedenen Blumenbüschel zusammenfaßt. Die gleiche Anlage findet sich auf den Bruchstücken von Goldschmuck, die 1862 in Aurillac im Departement Cantal gefunden wurden; sie gehörten wahrscheinlich ursprünglich zu einem Paar von Halsringen mit spiegelbildlich gleichem Dekor, die, zweifellos nach ihrer Entdeckung, zu einem Armreif zusammengefügt wurden.

West- und Donaukelten im 3. Jahrhundert

Bis heute ist kein Gegenstück zum Armreif von Lasgraïsses gefunden worden. Nach der wahrscheinlichsten Vermutung könnte es sich daher um eine üppige Version des ovalen Ringschmucks handeln, wie er für den Donauraum charakteristisch ist. Im übrigen wurde in derselben Region ein Bronzearmreif gefunden, der in Art, Ausführung und Anordnung des Dekors gewissen Exemplaren aus Böhmen und Mähren nahekommt, bei dem aber die Form im Ganzen ein wenig anders ist als die charakteristisch mitteleuropäische. Deshalb ist es schwierig zu bestätigen, ob es sich um ein importiertes Stück handelt. Nimmt man auf der anderen Seite einen lokalen Ursprung an, so faßt man damit auch die Möglichkeit direkter und punktueller Beziehungen mit den Werkstätten diesseits der mittleren Donau ins Auge. Tatsächlich bestätigen andere Funde das Bestehen von Kontakten zwischen Mitteleuropa und dem Südwesten Galliens zu jener Zeit: so das halbe Dutzend von Goldhalsringen – Schatz oder Opfergabe –, die 1841 in Fenouillet im Gebiet von Toulouse gefunden wurden und deren reichste Stücke ein Gegenstück im Fund von Gajic finden, einem Ort unweit des heutigen Novi Sad. Die Verwandtschaft ist auffallend, aber nicht ausreichend, um die Hypothese eines gemeinsamen Ursprungs aufzustellen.

Das Auftauchen dieser Art von Schmuckstücken, die so eng mit dem Donauraum verknüpft sind, in Gegenden, wo sie die ersten einigermaßen bedeutenden Zeugnisse des La-Tène-Stils darstellen, wird im allgemeinen mit dem Eindringen einer neuen keltischen Gruppe in Verbindung gebracht: der Tektosagen-Volker (Volcae Tectosages), „das Volk, das ein Zuhause sucht". Dieses Volk hat sich vielleicht im Verlauf des 4. Jahrhunderts in bestimmten nichtkeltischen Gebieten Mitteleuropas gebildet – Cäsar deutet an, daß sie „die fruchtbaren Ländereien nahe des herzynischen Waldes" bewohnten –, und sein Name wird in mehreren Berichten über die Ausbreitung auf dem Balkan erwähnt. Ein Teil von ihnen beendet seinen langen Zug in Kleinasien und bildet dort einen der wichtigen Stämme der Galater. Über die Vorgeschichte des westlichen Teils, über die Beweggründe seines Aufbruchs und über die Wechselfälle auf seiner Wanderschaft sind uns keinerlei Informationen überliefert. Der Zeitpunkt, zu dem er in Gallien auftaucht – wahrscheinlich im zweiten Drittel des 3. Jahrhunderts –, wird lediglich durch einige archäologische Überreste belegt, deren wichtigste die obenerwähnten außergewöhnlichen Stücke sind.

Der Fall der Volker, aus deren Namen die Germanen das Wort „Welsche" für ihre westlichen Nachbarn ableiteten, ist beispielhaft für eine Erscheinung, die sich gleichzeitig oder kurz nach der Ausbreitung auf dem Balkan abspielt: Mehr oder weniger bedeutende Gruppen mittlerer bis östlicher Herkunft, die vielleicht aus verschiedenartigen Elementen bestanden, dringen nun in den westlichen Teil der keltischen Welt vor. Es gibt unglücklicherweise darüber keine Informationen in den historischen Quellen, die mit jenen vergleichbar wären, welche den keltischen Vorstoß nach Südosten beschreiben. Nur die archäologischen Überreste gestatten eine vorläufige Bilanz dessen, was wahrscheinlich die letzte große Umwälzung in der Bevölkerungsgeographie des vorrömischen Gallien war. Die Neuankömmlinge scheinen sich in den damals schwach besiedelten Gebieten niedergelassen zu haben, die sich allgemein am Rand der bestehenden Bevölkerungskerne befanden. Das Beispiel des Languedoc, wo sich die Arecomicae genannten Volker festsetzten, ist in dieser Hinsicht bezeichnend: Die in den Quellen genannten keltischen Gruppen fügten sich in das örtliche Milieu ein, ohne die Entwicklung der eingeborenen Bevölkerung zu stören oder ihr ein besonderes Gepräge aufzudrücken.

Im nördlichen Teil Galliens geht das Auftauchen einer gewissen Zahl von Gegenständen aus dem Donauraum – Fibeln, verzierte Waffen, Ringschmuck, Töpferwaren und anderes – mit deutlich wahrnehmbaren Veränderungen in den Begräbnisriten und Bekleidungssitten einher. Diese Erscheinung tritt besonders in der Champagne zutage, wo sie vielleicht das Eindringen neuer ethnischer Elemente anzeigt. Die Begräbnisstätten dieser Region werden danach bis zur römischen Besetzung ständig genutzt, was mit bedeutenden Veränderungen der Bevölkerung nicht verträglich sein dürfte. Es scheint also, daß die Bevölkerung dieses Gebietes im zweiten Drittel des 3. Jahrhunderts aus den Vorfahren der von Cäsar genannten belgischen Stämme bestand. Die laufenden Forschungen werden es hoffentlich erlauben, eine noch vollständigere Bilanz zu ziehen und besonders die Bewegung von Gruppen einer gewissen Bedeutung von der Rückkehr von Einzelpersonen westlicher Herkunft genauer zu unterscheiden, die an den Feldzügen im Osten teilgenommen haben mochten.

Eine Tatsache verdient von nun an hervorgehoben zu werden: Es besteht eine ziemlich direkte Verbindung zwischen den Expeditionen, die sich zu Beginn des 3. Jahrhunderts gegen die hellenistische Welt richteten, und dem Auftauchen neuer Volksgruppen am westlichen Rand der keltischen Welt. Bereits die antike Überlieferung weist übrigens darauf hin, indem sie jenen von den Volkern in einem heiligen See nahe bei Tolosa (dem heutigen Toulouse) angehäuften Schatz der angeblichen Plünderung des Heiligtums von Delphi im Jahre 279 zuschreibt. So zeichnet sich eine gewisse Ähnlichkeit zwischen der keltischen Expansion der ersten Jahrzehnte des 4. Jahrhunderts und jenen Eroberungszügen ein Jahrhundert später ab: Der Vorstoß findet gleichzeitig in wenigstens zwei verschiedenen Richtungen statt; die Herkunftsländer der in Bewegung befindlichen Gruppen zeigen kein einziges offensichtliches Anzeichen von Störungen des Gleichgewichts. Es handelt sich im Gegenteil um Regionen, wo die archäologische Dokumentation die Stabilität und die Kontinuität der Besiedlung bestätigt.

Der Niedergang der keltischen Macht in Italien

Das 3. Jahrhundert ist die letzte große Zeit der Ausdehnung. Die Kelten üben nun ihre Vorherrschaft in fast allen Landstrichen aus, die sich zwischen den britischen Inseln zu den Karpaten und vom Mittelmeer bis zu den Ebenen des nördlichen Europa erstrecken. Währenddessen zeigen sich in Italien seit dem Beginn des Jahrhunderts die ersten Anzeichen eines Rückgangs der keltischen Macht, die das Haupthindernis für die römische Vorherrschaft im Pogebiet war.

Die Senonen sind die zuerst Betroffenen. Nachdem sie während des letzten Drittels des 4. Jahrhunderts einen Modus vivendi mit ihren Nachbarn gefunden und ihre Beziehungen zu den Gebieten nördlich der Alpen eingeschränkt, wenn nicht abgebrochen hatten, treibt sie der wachsende römische Einfluß in Mittelitalien zur Wiederaufnahme der Feindseligkeiten. Nachdem sie im Jahr 295 bei Sentinum auf eigenem Gebiet vernichtend geschlagen worden sind, fügen sie den Römern zwar zehn Jahre später vor Arretium (Arezzo) eine Niederlage bei, werden aber 283 endgültig besiegt. Ihr Gebiet wird besetzt, und die Gründung von Ariminum (Rimini) öffnet den Römern das Tor zur Poebene. Die Beunruhigung, die diese Ereignisse bei den Bojern hervorrufen, verstärkt sich, als die Lex Flaminia die Aufteilung des senonischen Gebiets endgültig bestätigt. Die Bojer rufen daher ihre Genossen nördlich der Alpen zu Hilfe und bereiten mit den Insubrern der Lombardei einen entscheidenden Feldzug vor, durch den sie die römische Gefahr ein für allemal beseitigen wollten. Die mächtige Armee des gallischen Bündnisses erleidet 225 nahe bei Telamon an der etruskischen Küste eine blutige Niederlage ... Die römischen Truppen nützen – allerdings nicht ohne Schwierigkeiten – ihren Vorteil auf keltischem Boden aus: Der Krieg findet im Jahr 222 nach dem Sieg von Clastidium (Casteggio) und der Einnahme von Mediolanum (Mailand), der Hauptstadt der Insubrer, sein Ende. Der Einfall Hannibals nach Italien läßt zwar bald die Hoffnung wieder erwachen: Wenigstens ein Teil der südlich der Alpen lebenden Gallier hat an der Seite der Karthager teil am Sieg beim Trasimenischen See (217), aber diese Gallier werden zehn Jahre später mit den Karthagern auch die Niederlage am Metaurus erleiden, die das Ende des punischen Abenteuers auf italischem Boden bedeutet. Die Kämpfe zwischen den Galliern und den Römern setzen sich jedoch noch bis ins Jahr 191 fort, als die Bojer unterworfen wurden; daraufhin kehrt ein Teil von ihnen über die Alpen zurück.

Paradoxerweise legt der Verlust der Gebiete südlich der Alpen, der die Rückkehr keltischer Gruppen auslöst, die bereits Elemente städtischer Zivilisation übernommen hatten, in Innereuropa den Keim für eine Veränderung. Diese Veränderung ermöglicht es, die innere Krise zu überwinden, die durch das Scheitern der keltischen Expansion in Italien hervorgerufen worden war, und schlägt so das letzte Kapitel der Frühgeschichte der kontinentalen Kelten auf.

4.

Die Donaukelten und die Expansion auf dem Balkan

„Als ihre Herkunftsländer sie nicht mehr aufnehmen konnten, setzten sich die Gallier, dreihunderttausend an der Zahl, wie für ein ver sacrum *auf der Suche nach neuen Ländern in Marsch: Ein großer Teil ließ sich in Italien nieder ... während die anderen von den Vögeln geleitet ... indem sie sich Durchgang durch die Barbaren verschafften, in das Herz Illyriens eindringen und sich in Pannonien festsetzen."*

Pompeius Trogus, Weltgeschichte XXIV, 4

Der westliche Teil des Karpatenbeckens war seit dem 5. Jahrhundert v. Chr. von den Kelten in Besitz genommen worden – eine Tatsache, die besonders durch die Nekropole von Bučany in der Slowakei belegt wird: Dort findet man Gräber keltischer Krieger und Frauen direkt neben Gräbern aus derselben Zeit, in denen Angehörige der einheimischen (thrakisch-skythischen) Bevölkerung bestattet sind. Die keltischen Gräber enthalten Grabbeigaben (Waffen, Schmuck und Keramik), wie sie für die La-Tène-Kultur typisch sind, während sich die anderen Gräber sowohl durch die Fundgegenstände (ebenfalls Waffen, Schmuck und Keramik) als auch durch den Bestattungsritus deutlich davon unterscheiden. Es handelt sich dabei um ein besonders aufschlußreiches Beispiel für die Fähigkeit der Kelten, sich im Zuge ihrer Ausbreitung mit der vorgefundenen Bevölkerung zu verbinden – eine Begabung, die die Schnelligkeit erklärt, mit der sie Gebiete erobert haben, die sie rein zahlenmäßig, ohne Zustimmung der einheimischen Bevölkerung, sicherlich nicht hätten beherrschen können, da sie ja in relativ kleinen Verbänden auftraten.

Das 4. Jahrhundert war die Zeit der allmählichen Inbesitznahme der Gebiete im nordwestlichen Ungarn zwischen Donau und Alpen, aber nur einige isolierte Vorstöße, vor allem entlang dem Karpatenbogen, berührten die Gegenden östlich des Flusses.

Die „Große Expedition“ des Jahres 280 v. Chr.

Auf eine Periode langsamen Vordringens in den Westteil des Karpatenbeckens, in der auch ein Teil Siebenbürgens besetzt wurde, folgte im Jahre 280 v. Chr. die „Große Expedition“. Deren Teilnehmer stammten vor allem aus den Gebieten um den Mittellauf der Donau. In der Tat zeigen die Gegenstände, die ihren Weg markieren, Formen, die für Böhmen, Mähren und die angrenzenden Gebiete Österreichs typisch sind. Es gab allerdings auch Teilnehmer, die – mehr oder weniger direkt – aus so weit entfernten Regionen wie der Schweiz kamen: Das beweisen einige Gegenstände, vor allem Schmuckstücke von Frauen, wie z.B. die Halsreife mit roten Emailplättchen, die aus dem Hochrheingebiet stammen.

Man hat es also nicht mit ethnisch einheitlichen Gruppen zu tun, sondern mit einer Ansammlung heterogener Elemente; ihr einigendes Band war der Reiz des militärischen Abenteuers sowie die Hoffnung auf Beute und auf neues Land, wo man sich niederlassen konnte. Sie mußten – ebenso wie diejenigen, die ein Jahrhundert vorher nach Italien eingedrungen waren – gut informiert sein über das Land, wohin sie wollten: Etwa zwanzig Jahre vorher hatten sie einen Angriff auf Thrakien unternommen, waren aber im Haemusgebirge (dem heutigen Massiv von Stara Planina) geschlagen worden. Diejenigen, die schon in den Söldnertruppen der Nachfolger Alexanders gedient hatten, wußten jedoch, daß diese durch ihre inneren Konflikte geschwächt und durchaus zu besiegen waren.

Der Zug nach Makedonien war ein Erfolg: Die Armee des Ptolemaios Keraunos erlitt eine verlustreiche Niederlage, er selbst fiel in der Schlacht. Dieser Sieg scheint das Auseinanderbrechen der keltischen Armee nach sich gezogen zu haben. Ein Teil der Armee zog, unter dem Kommando des Brennos, im Jahre 279 v. Chr. bis nach Delphi, während ein erheblicher Teil der Truppen in Thrakien blieb. Eine umfangreiche Abteilung kehrte im folgenden Jahr um und ließ sich (unter dem Namen Skordisker) im Gebiet des Zusammenflusses von Save und Donau nieder. Ihre Nekropolen zeigen, daß bei der Bildung dieses Stammes ein bedeutender Anteil an Einheimischen integriert worden ist.

Die Galater in Kleinasien

Ein anderer Teil der Armee gelangte nach Kleinasien, wo er vor allem durch Beutezüge gegen die Städte hervortrat. Nachdem er sie besiegt hatte, teilte Antiochos von Syrien ihnen einige Jahre später ein Territorium in dem Hochland zu, durch das der heutige Kizilirmak fließt und das seitdem unter dem Namen „Galatien" bekannt ist. Seitdem auf Dauer von den übrigen keltischen Völkern getrennt, entwickelten sich die Galater zu einem Reservoir für die Rekrutierung von Söldnern und nahmen an all den Kämpfen teil, die Kleinasien verwüsteten. Bei aller Integration in die hellenistische Welt bewahrten sie doch anscheinend mehrere Jahrhunderte lang manche seltenen Formen von Schmuck im La-Tène-Stil, nämlich Torques und Fibeln. Ihre Sprache behielten sie mindestens sieben Jahrhunderte lang bei: Hieronymus vergleicht sie noch Ende des 4. Jahrhunderts mit dem Dialekt des Trevererlandes.

Als sie auf den Hochebenen Anatoliens seßhaft geworden waren, schlossen sich die Galater im zweiten Drittel des 3. Jahrhunderts v. Chr. zu einem Bündnis von Völkern zusammen, das unter der Bezeichnung „Gemeinschaft der Galater“ (Koinon Galaton) geläufig ist – also in einer Zeit, als die meisten noch zur Generation der „Großen Expedition“ gehörten, die ja aus Mitteleuropa stammte. Dieser Zusammenschluß orientierte sich an Mustern, die vermutlich keine regionale Besonderheit waren, sondern gemeinsames Eigentum aller Kelten. Eine besonders gute Beschreibung dieses Organisationsmusters steht bei Strabo (Geographica XII,5,1):

„Die drei Völker [Tolistobogier, Trokmer und Tektosagen] sprechen dieselbe Sprache und unterscheiden sich auch im übrigen auf keine Weise. Jedes von ihnen hat sich in vier Abteilungen aufgeteilt, die als Tetrarchien bezeichnet werden und jede ihren Tetrarchen haben, mit einem Richter (dikastés) und einem Oberbefehlshaber (stratophylax), der diesem untergeordnet ist, sowie zwei Unterfeldherrn (hypostratophylax). Der Rat (boulé), der den zwölf Tetrarchen zur Seite steht, bestand aus 300 Männern, die sich an einem Ort namens Drunemeton zu versammeln pflegten. Er hatte das Urteil in Mordsachen zu fällen, während die übrigen Fälle in die Zuständigkeit der Tetrarchen und der Richter fielen.“

Wenn man von der griechischen Form absieht, die die verschiedenen Ämter hier annehmen und die sich zweifellos dem Einfluß der hellenischen Umgebung verdankt, weist der Organisationstypus, den man hier findet, zahlreiche Übereinstimmungen auf mit dem der Völker Galliens in der ersten Hälfte des 1. Jahrhunderts v. Chr., wie er aus der Beschreibung Cäsars (die leider nicht so systematisch ist) und aus anderen Hinweisen in den Texten hervorgeht. Die Tetrarchie scheint dem „pagus“ zu entsprechen, der ebenfalls das Ergebnis einer Viertelung einer größeren Einheit zu sein scheint, nämlich des Stammesverbandes, der üblicherweise als „Volk“ bezeichnet wird. Dasselbe Prinzip findet man noch im vorchristlichen Irland wieder, das in vier Teile geteilt ist, die alle ihren Beitrag leisten zu einem gemeinsamen Territorium, der „Provinz der Mitte (Midhe)", die als Garantin der Einheit des Ganzen gilt. Sein Gegenstück auf dem Kontinent ist das „Mediolanum" („Mittelpunkt des Landes"), eine Bezeichnung, die bei verschiedenen keltischen Völkern in zahlreichen Ortsnamen wiederkehrt. Im Unterschied zu den Gemeinwesen Galliens, wo es schon Städte gab oder die wenigstens auf dem Weg dahin waren, zeigen die Galater Kleinasiens allerdings nach den Texten eine Siedlungsstruktur, die ausgesprochen ländlich geprägt zu sein scheint und die zweifellos in hohem Maße bestimmt ist durch militärische Erwägungen – was nicht überraschen kann bei einer Bevölkerung aus mobilen, bewaffneten Siedlern wie derjenigen, die die Expansion in den Donauraum vorangetrieben hatte.

Als eine römische Armee unter dem Konsul Gnaeus Manlius Vulso ein gutes halbes Jahrhundert nach deren Landnahme im anatolischen Hochland auf die Galater stieß, vermieden diese es, sich in den Städten einschließen zu lassen, sondern zogen sich lieber auf die Höhen zurück, die sie in Behelfsfestungen verwandelten. Drei oder vier Generationen nach ihrer Ankunft in Kleinasien scheinen sie einem ländlichen Lebensweise verpflichtet gewesen zu sein, in dem sie ohne weiteres eine Organisationsstruktur aufrechterhalten konnten, die ihnen die Möglichkeit gab, ihre ethnische Einheitlichkeit zu wahren in einer fremden Umgebung, die zutiefst städtisch geprägt war. Selbst die Angehörigen ihrer Oberschicht scheinen, trotz ihrer großen Nähe zu den örtlichen Aristokratien, nur zeitweise in den großen städtischen Zentren derjenigen Gebiete gewohnt zu haben, die unter ihrer Herrschaft standen. Sie führten ihr Leben und lagerten ihren Reichtum lieber an Orten, die sich jedenfalls im Innern der Gegenden befanden, die überwiegend (wenn nicht ausschließlich) von ihren Stammesgenossen bewohnt waren. Der sekundäre Charakter dieser Residenzen – wahrscheinlich eine Art befestigte Landgüter derselben Art, wie man sie seit dem 5. Jahrhundert v. Chr. in der Ursprungsregion der La-Tène Kultur findet – erklärt die Tatsache, daß man davon bisher bestenfalls den Namen kennt. Die ländliche Siedlungsweise, die ein Sozialsystem aufrechtzuerhalten half, das sich auf Verwandtschaftsbeziehungen gründete, hat sicherlich auch eine entscheidende Rolle gespielt für die außerordentliche Widerstandskraft gegen eine sprachliche Angleichung an die Umgebung: Davon zeugt die Tatsache, daß noch gegen Ende des 4. Jahrhunderts n. Chr. eine galatische Sprache gesprochen wurde, die (nach Hieronymus, bei dem sich die Nachricht findet) dem gallischen Dialekt ähnelte, der damals bei den Treverern (im Gebiet des heutigen Trier) in Nordgallien gesprochen wurde. Diese Siedlungsweise liefert ferner die Erklärung für ihre verblüffende demographische Kraft: Nur sie ermöglichte es den Nachkommen der 20000 Kelten, die im Jahre 278 die Meerenge überschritten hatten, in großer Zahl an allen regionalen Konflikten teilzunehmen – mit den Tausenden von Toten, die auf den Schlachtfeldern blieben – und dabei noch als ethnische Gruppe zu überleben.

Hervorgegangen aus Gruppen, die sich in Mitteleuropa für eine militärische Expedition großen Stils gesammelt hatten, liefern die Galater also – dank der zahlreichen Texte, in denen von ihnen die Rede ist – ein bemerkenswertes Zeugnis für den Organisationstypus, der die historische Ausbreitung der Kelten und ihre Festsetzung in verschiedenen Gegenden und jeweils neben der einheimischen Bevölkerung möglich gemacht hatte. Organisiert als eine Art Militäroligarchie, lebten sie offenbar am Rande der städtischen Bevölkerung der betreffenden Region – wobei diese selbst durch die endgültige Niederlassung der Kelten in ihrer Region nicht sehr spürbar in Mitleidenschaft gezogen worden zu sein scheint.

Die Bildung neuer Völker aus ganz verschiedenen Elementen, die aus Gegenden mit starkem Bevölkerungswachstum stammten – ein Phänomen, das durch die Schicksale der Teilnehmer der „Großen Expedition" sehr schön illustriert wird – war sicherlich ein wirksames Mittel, weite Gebiete zu kolonisieren, ohne dafür andere zu entvölkern. Sie erklärt, warum eine Bevölkerungsbewegung vom Ausmaß der Expansion des 3. Jahrhunderts sich vollziehen konnte, ohne daß die Siedlungsstruktur der Herkunftsländer dadurch wesentlich berührt wurde.

An dieser Stelle muß man darauf hinweisen, daß die Bevölkerungsverschiebungen dieser Epoche nicht nur den Donauraum betreffen, sondern ebenso manche Regionen des heutigen Frankreich und vielleicht sogar Großbritanniens. Die Ankunft neuer Bevölkerungsgruppen – auch sie aus den Regionen um Böhmen und die angrenzenden Donauländer kommend – ist besonders gut erkennbar in der Champagne. Ihre neuen Nekropolen befinden sich häufig an Plätzen, die seit dem Ende des 5. Jahrhunderts v. Chr. aufgegeben worden waren. Die Frauen, die dort begraben sind, sind von den einheimischen leicht zu unterscheiden: Die ersteren tragen als Schmuck die Fußreife mit ovalen Verzierungen, die für Mitteleuropa typisch sind, während die letzteren der traditionellen Sitte treu bleiben, Torques und Armreife zu tragen. Es ist ganz sicher kein Zufall, daß diese neuen Nekropolen von nun an die einzigen sind, in denen man Gräber bewaffneter Männer findet.

Die Nekropolen aus derselben Zeit, die man in Gegenden entdeckt hat, in denen man bisher keine noch älteren Spuren der La-Tène-Kultur hat finden können (besonders in der Gegend von Paris), gehören wahrscheinlich ebenfalls zu Gruppen mit einem großen Kriegeranteil, die aus Ostmitteleuropa gekommen waren. In der Tat findet man manche Elemente der dort üblichen Grabausstattung in diesen

Regionen fast identisch wieder. Allerdings fehlen beim Frauenschmuck die Fußreife- ein Zeichen, daß ihr Herkunftsgebiet nicht genau dasselbe ist wie bei den Gruppen in der Champagne. Diese Wanderungsbewegung in der ersten Hälfte des 3. Jahrhunderts v. Chr., die weite Teile des heutigen Nordfrankreich besiedelt oder wiederbesiedelt hat, ist die letzte Bevölkerungsbewegung von einiger Bedeutung, die man in dieser Region feststellen kann. Es ist also wahrscheinlich, daß es sich dabei um die Landnahme der belgischen Völker handelt, die Cäsar zwei Jahrhunderte später im Norden Galliens vorfinden wird.

Die Volken und das „Gold von Delphi"

Die erstaunliche Aufsplitterung der Donaukelten wird durch den Fall der Volken-Tektosagen besonders gut illustriert. Entstanden wohl im 4. Jahrhundert v. Chr. in einer Zone, wo sich Kelten und Germanen berührten (wahrscheinlich in Nordböhmen oder dem angrenzenden Teil Mährens), hat dieses „Volk, das ein Dach (über dem Kopf) sucht" sich in den ersten Jahrzehnten des 3. Jahrhunderts v. Chr. anscheinend größere umherwandernde Gruppen einverleiben können: Der Name der Volken haftet in römischer Zeit der Gegend um den Zusammenfluß von Drau und Donau an – die „Volcae Paludes" der lateinischen Autoren: Die Tektosagen liefern den Namen für eines der drei großen Völker der „Gemeinschaft der Galater", sogenannte „arekomische" Volken lassen sich im Gebiet von Nimes nieder, und schließlich nehmen die Volken-Tektosagen ein umfangreiches Territorium im Pyrenäenvorland ein, von der Umgebung von Toulouse bis zur Küste des Languedoc.

Die antike Überlieferung bringt sie mit der Plünderung Delphis und dem Raub seines fluchbeladenen Goldes in Verbindung, das sie nach ihrer Niederlassung in Südgallien in einem See versenkt haben sollen. In der Tat hatten die galatischen Tektosagen an der „Großen Expedition" von 280 v. Chr. teilgenommen, und ein anderer Teil dieses Volkes hätte durchaus umkehren und sich in Richtung Westen wenden können. Die Nekropole von Ensérune, die sich auf die erste Phase ihrer Präsenz in dieser Gegend datieren läßt, zeigt die Bedeutung, die bei diesem Volk dem militärischen Element zukam, und das Fundgut bestätigt auf der ganzen Linie, daß die Neuankömmlinge über Verbindungen in den Donauraum verfügten. Sie weist ebenfalls auf eine mögliche Erklärung hin für die lange Irrfahrt, die sie schließlich gerade an diesen Ort geführt hatte: Nachdem sie sich endgültig vom ursprünglichen Kern abgespalten hatten, waren diese Abenteurer des Waffenhandwerks potentielle Söldner (wie die Gäsaten, die von den Bojern einige Jahrzehnte später in ihren Dienst genommen wurden), und als solche mußten sie sich in der Nähe möglicher Brotgeber niederlassen. Und die Quellen geben zu erkennen, daß gerade die Gegend von Narbonne seit dem 5. Jahrhundert v. Chr. ein Anwerbungsgebiet der Karthager gewesen ist.

Auch wenn sie von ihrer Unternehmung gegen Delphi wohl kein Gold mitgebracht hatten, verfügten die Volken-Tektosagen doch zweifellos über einen reichen Besitz an Edelmetallen. Ihnen sind zwei bemerkenswerte größere Schmuckfunde zu verdanken, vermutlich Opfergaben – der Torques und der Armreif von Lasgraïsses sowie das halbe Dutzend Torques von Fenouillet – deren üppiger Schmuck sich von den hellenistischen Blütenkränzen hat inspirieren lassen. Die ursprünglichen Motive sind allerdings – wie bei den Kelten üblich – umgeformt worden in andeutungshafte Darstellungen der Pflanzen, die sie besonders verehrten: Man kann die merkwürdigen Blüten der Mistel darin wiedererkennen – dieses immergrünen Parasiten hoch in den Lüften, den sie mit ihrer Hauptgottheit in Verbindung brachten – und vielleicht auch Blütenstände der Eiche.

Das Söldnerwesen

Einer der Hauptgründe für den Aufbruch von Gruppen keltischer Krieger am Ende des 4. Jahrhunderts v. Chr. und am Anfang des folgenden Jahrhunderts war zweifellos die Blüte des Söldnerwesens infolge der Kriege um die Nachfolge Alexanders d. Gr. Diese Tätigkeit war nichts grundsätzlich Neues für die Kelten, die sie sicherlich schon seit dem 5. Jahrhundert v. Chr., wenn nicht schon seit dem Jahrhundert davor ausgeübt hatten, damals in den Diensten der Etrusker und der Karthager. Die Möglichkeiten, die sie bot, waren möglicherweise die Veranlassung dafür, daß die Senonen, die die Alpen überquert hatten, sich in der Nähe der syrakusischen Handelsniederlassung Ancona niederließen, und dort wurden vermutlich auch die keltischen Söldner rekrutiert, die (zusammen mit Iberern) zu dem Expeditionskorps gehörten, das die Syrakuser in den Jahren 369/368 v. Chr. nach Griechenland schickten. Man verfügt zwar über keine weiteren Informationen von derselben Eindeutigkeit über den Dienst keltischer Söldner in Italien während des 4. Jahrhunderts v. Chr., aber er muß ein blühendes Geschäft gewesen sein, und vielleicht muß man auch die Gesandtschaft der Adriakelten in diesen Zusammenhang einordnen, die, wenn sie wirklich von daher stammten, nur zisalpine Senonen sein konnten. Auf einem strategisch wichtigen Territorium angesiedelt, werden sie sicherlich auch später den Syrakusern Truppen geliefert haben; und auch die keltischen Söldner, die im Jahre 307 v. Chr., 3000 an der Zahl, zusammen mit Samniten und Etruskern an der Expedition des Agathokles nach Afrika teilnahmen, können schwerlich anders rekrutiert worden sein als durch Vermittlung der Handelsniederlassung in Ancona.

Die Kelten hatten also seit dem 4. Jahrhundert v. Chr. guten Zugang gefunden zu den wichtigsten Söldnertruppen. Ihre Auftraggeber waren die großen Wirtschaftsmächte, die nicht über die militärische Kraft verfügten, die ihrem Ehrgeiz entsprach. Das war bei Syrakus und bei anderen Städten Großgriechenlands der Fall, das war ebenso der Fall bei Karthago, und es war später auch bei den hellenistischen Königreichen der Fall, als nämlich der mazedonische Kern der Armee nicht mehr ausreichte, um den erbitterten Kampf fortsetzen zu können, in dem die Erben Alexanders einander gegenüberstanden. Keltische Söldner waren also vermutlich an den Kämpfen beteiligt, die sich die Diadochen seit den letzten Jahrzehnten des 4. Jahrhunderts v. Chr. lieferten, und sie waren es wohl auch, die die Informationen lieferten für die Vorbereitung der „Großen Expedition" des Jahres 280 v. Chr., die viel zu gut geplant und organisiert war, als daß sie der spontane Sturmlauf von Abenteurern hätte sein können, die blind vorwärtsstürmten auf der Suche nach Ländern und Reichtümern, ohne klare Vorstellung über das Ziel, das man erreichen wollte, über den Gewinn, den man erhoffen durfte, und über die Mittel, die man brauchte, um an sein Ziel zu kommen.

Die unmittelbare Folge der „Großen Expedition" war, daß auf einmal mehrere Zehntausende mutiger Soldaten, offenbar gut ausgebildet, erfahren und ganz einfach billiger als die griechischen Söldner, einen Markt überschwemmten, auf dem Hochkonjunktur herrschte. Die hellenistischen Herrscher zögerten nicht, aus diesem Glücksfall ihren Nutzen zu ziehen: Antigonos Gonatas nahm die Überlebenden der Schlacht von Lysimacheia in seinen Dienst, Nikomedes von Bithynien veranlaßte die Truppen des Leonnorios und Lutarios, die späteren Galater, die Meerenge zu überschreiten. 277/276 v. Chr. befanden sich viertausend Gallier im Dienst des Ptolemaios Philadelphos, der sie, weil er einen Aufstand fürchtete, auf einer Nilinsel umkommen ließ. Seitdem vermehren sich die Stellen sprunghaft, an denen keltische Abteilungen in den hellenistischen Armeen erwähnt werden, und man kann der Ansicht sein, daß sie zu deren normalem Bestand gehören. Ihr Mut steht in hohem Ansehen, und als Pyrrhos im Jahre 274 v. Chr. die Truppen des Antigonos besiegt hatte – wobei dessen keltische Nachhut sich hatte niedermachen lassen, ohne zurückzuweichen, während die mazedonische Infanterie zu Pyrrhos überlief – hielt er diesen Sieg über die Gallier für seine größte militärische Ruhmestat.

Auf allen Schlachtfeldern im Mittelmeerraum kämpften also Zehntausende keltischer Söldner und vergossen ihr Blut. Von abenteuerlustigem Naturell, stürzten sie sich von Zeit zu Zeit in Unternehmungen auf eigene Rechnung oder machten Aufstände, wie in Megara im Jahre 265 v. Chr., wo eine ihrer Frauen vielleicht bei dieser Gelegenheit ihrer Fußreife beraubt wurde, die in Böhmen oder Bayern hergestellt worden waren und die man dreißig Kilometer von Megara entfernt gefunden hat, im Schutt auf dem Boden eines Brunnens in Isthmia bei Korinth. In der Tat hatten diese Söldnereinheiten, die üblicherweise 2000 oder 4000 Mann unter Waffen umfaßten, ihre Frauen und Kinder bei sich, wenn sie sich fortbewegten – also insgesamt 5000 bis 10 000 Personen, außerdem eine Menge von Wagen, in denen sie ihre gesamten Reichtümer transportierten und die ihnen während ihrer Züge wohl auch als Wohnung dienten. Das war insgesamt eine beträchtliche Zahl von Leuten, die in direktem Kontakt mit der städtischen Welt des Mittelmeerraumes lebten – einer Welt, die völlig neu war für Menschen, die aus den Dörfern Mitteleuropas gekommen waren.

Manche von ihnen kehrten in ihre Heimat zurück mit den Erfahrungen und dem Besitz, die sie angehäuft hatten, während andere in die entgegengesetzte Richtung aufbrachen, um dort ihr Glück zu versuchen oder auch ihr Vermögen aufs Spiel zu setzen. Abgesehen vom unregelmäßigen Ertrag der Plünderungen bestand dieses aus dem Sold, das dem Chef der Einheit in bar ausgezahlt wurde, zum kleinen Teil als Vorschuß zu Beginn des Einsatzes, im übrigen am Ende. Nach den Informationen, die man hat, konnte der

Vertrag gallischer Söldner auf einen Goldstater pro Mann lauten für einen Feldzug von mehreren Monaten, während ein griechischer Soldat dieselbe Summe für einen einzigen Monat bekam. Auf diese Weise verbreitete sich die Verwendung von Geld bei den Kelten nördlich der Alpen, und es ist sicher kein Zufall, daß gerade diejenigen Münzarten, die bei der Entlohnung der Söldner die meiste Verwendung fanden – namentlich der mazedonische Goldstater, der „Philippus", und die Prägungen Alexanders d. Gr. –, als Modell dienten für die ersten keltischen Prägungen.

Die Expansion in den Donauraum im 3. Jahrhundert v. Chr. und die Verlagerung des Schwerpunkts der keltischen Welt nördlich der Alpen von der Schweiz nach Böhmen und Mähren, die sich daraus ergab, sowie der schnelle Aufschwung der neuen Donauprovinzen – das sind ohne Zweifel bedeutende Ereignisse in der Geschichte des antiken Europa, die man lange Zeit unterschätzt und mißverstanden hat. Man hat es dabei jedenfalls einerseits mit instabilen, aber dynamischen ethnischen Einheiten zu tun, die in der Lage waren, Elemente ganz verschiedener Herkunft aufzunehmen und einzuordnen (was man am Beispiel der Volken-Tektosagen besonders gut sehen kann), andererseits mit den alteingesessenen Völkern, die seit langer Zeit auf ihrem ererbten Boden fest verwurzelt waren. Ohne dieses Nebeneinander wäre der ausgesprochen vielgestaltige Charakter der keltischen Bevölkerung und deren unterschiedliche Entwicklung je nach Region nicht zu erklären.

Die erstaunliche Schnelligkeit und Durchschlagskraft der Expansion in den Donauraum erscheint sehr viel verständlicher, wenn man die Fähigkeit der Kelten ausreichend würdigt, mit der einheimischen Bevölkerung der eroberten Gebiete, die vermutlich oft in der Mehrheit gewesen sein dürfte, einen Modus vivendi zu finden. Beispielhaft anschaulich wird dieses Zusammenleben in der Aneignung von Elementen aus der jeweiligen lokalen Kultur, ein Phänomen, das die Kelten des Karpatenbeckens gleichermaßen kennzeichnet wie den Einflußbereich der Skordisker in der Donauebene. Natürlich veränderten diese Einflüsse nicht in der Substanz die ideologische Basis der Expansion; deren sprechendster Widerschein sind die Bilder, die die keltischen Künstler der Region formten oder gravierten: Die Kunst der Donaukelten bleibt vollständig innerhalb genau der Vorstellungswelt, die untrennbar zusammenhängt mit der La-Tène-Kunst seit dem 5. Jahrhundert v. Chr. und die im 3. Jahrhundert v. Chr. zu einer beachtlichen einheitlichen Ausdrucksweise findet, die die gemeinsame „Sprache" der La-Tène-Kelten ausmacht.

Krieger und „Drachen"

Es liegt auf der Hand, daß die Züge der Kelten im 3. Jahrhundert v. Chr., an denen eine sehr bedeutende Zahl von Menschen teilnahm und die eine straffe Organisation erforderlich machten – ebenso wie übrigens auch die Ausbildung neuer ethnischer Strukturen, wie sie am Beispiel des Koinon Galaton sichtbar wird –, nicht vorstellbar sind ohne eine Macht, die in der Lage ist, lange im voraus zu planen, zu führen und zu organisieren. Ein merkwürdiges Emblem, das sich auf Schwertscheiden des La-Tène-Typs findet, die man in annähernd zweihundert Exemplaren von Nordspanien und den britischen Inseln bis zum Balkan entdeckt hat, könnte ein erster Schritt dazu sein, das Geheimnis seiner Identität zu lüften.

Es handelt sich um ein Paar von Ungeheuern, schlangenförmige Drachen oder Greife. Die Kelten haben dieses Motiv seit dem 5. Jahrhundert v. Chr. aufgenommen, zusammen mit dem Lebensbaum, bei dem diese Wesen als Wächter fungieren. In der Gestalt von Emblemen, die unterhalb der Öffnung der Schwertscheide eingraviert sind, tauchen sie gegen die Mitte des 4. Jahrhunderts v. Chr. bei den Kelten Italiens auf und verbreiten sich allmählich in die Gebiete, die durch die Expansion an der Donau hinzukommen, sowie in diejenigen, wo man im zweiten Viertel desselben Jahrhunderts die Einnistung neuer Gruppen feststellen kann, namentlich in der Champagne (wahrscheinlich die Vorfahren der Belger Cäsars), im Rhonetal (Allobroger) und im Languedoc (Volken).

Dieses Motiv auf der Scheide könnte ein Zeichen dafür sein, daß ihr Besitzer zu einer der Kriegerbünde gehörte, die außerhalb der Stammesorganisation standen und die zum einen der Motor der keltischen Expansion im 4. und 3. Jahrhundert v. Chr. gewesen sind und zum anderen eine Reserve erfahrener Krieger für den Söldnerdienst bildeten.

Die Gäsaten, die von den Bojern und den Insubrern südlich der Alpen für den Feldzug gegen Rom im Jahre 225 v. Chr. angeworben wurden, gehörten wahrscheinlich zu einer dieser Gruppen, die sich dem Waffenhandwerk verschrieben hatten. Sie wurden in der Tat (nach Polybius) im Rhonetal rekrutiert, in einer der Regionen, wo man gegen die Mitte des 3. Jahrhunderts v. Chr. das Auftauchen von Neuankömmlingen feststellen kann, deren Merkmal gerade die mit „Drachen" verzierten Schwertscheiden sind. Es ist vielleicht kein zufälliges Zusammentreffen, daß der große Kriegerkönig, der der Vater des Artus war, des sagenhaften Helden der Kelten der britischen Hauptinsel, den Namen Uther Pendragon trug. Diesen Namen übersetzt Geoffroy de Monmouth als „Drachenhaupt", was vermutlich soviel bedeutet wie „Anführer der Drachen", einer Kriegerelite, die sich im 4. Jahrhundert v. Chr. dieses Emblem als Erkennungszeichen gewählt hatte. Nach dem *Traum des Rhonabwy*, einem mittelalterlichen Text aus Wales, trug das Schwert des Artus, das magische Excalibur der Legende, das Bild zweier goldener Drachen, und wenn man es aus der Scheide zog, „war es so, als ob Flammen aus ihrem Rachen kämen. Das war so schreckenerregend, daß man diesen Anblick kaum ertragen konnte."

5.
Die Oppida des 2. und 1. Jahrhunderts

„Als die Helvetier sich für ihr Unternehmen bereit glaubten, legten sie Feuer an alle ihre Oppida *– es gab ein Dutzend davon –, an ihre Dörfer – ungefähr vierhundert – und an die einzeln stehenden Gehöfte ...“*

Cäsar, Der Gallische Krieg 1, 5

Die direkten Kontakte der Kelten mit den städtischen Zivilisationen des Mittelmeers vervielfältigten sich im 3. Jahrhundert. Kriegerische Expeditionen, Söldnerdienste und Handelsbeziehungen lieferten laufend neue Anregungen. Die keltische Welt erreicht zu dieser Zeit ihre größte Ausdehnung – von den britannischen Inseln zu den Karpaten, von den Ebenen im Norden bis zum Apennin –, zugleich aber umfaßt sie auch eine Vielzahl verschiedenartiger Volksgruppen, die einen gewissen inneren Unsicherheitsfaktor darstellen. In den verschiedenen Regionen vermehren sich so zunehmend die Voraussetzungen für eine Veränderung.

Der Umwandlungsprozeß setzt zwar nur langsam ein, wird aber bald unausweichlich, da für die keltische Welt die traditionellen Notbehelfe zum Abbau des Bevölkerungsüberschusses im 3. Jahrhundert in zunehmendem Maße unmöglich werden. Die territoriale Ausdehnung wird nicht nur vom Widerstand der angrenzenden Völker aufgehalten, sondern auch durch die Tatsache, daß die Kelten fast überall die Grenzen der natürlichen Umgebung erreicht haben, in der sich ihre Zivilisation entwickelt hatte. Für die ihr zugrundeliegende Agrarwirtschaft waren weder die großen

Ebenen des Nordens noch die Steppen, weder die Berge noch die typischen Mittelmeerregionen besonders geeignet. Die Feldzüge nach den reichen Zentren des Mittelmeers sind von nun an schwieriger durchzuführen. Dies liegt weniger am verstärkten Widerstand als an der Zurückhaltung der keltischen Völker, die sich in den südlichen Grenzgebieten niedergelassen hatten und wenig daran interessiert waren, daß ihre Gebiete von großen, beutehungrigen Haufen bewaffneter Stammesverwandter durchquert wurden. In Italien scheinen die letzten Unternehmungen dieser Art vor Ende des zweiten Drittels des 4. Jahrhunderts stattgefunden zu haben. Hundert Jahre später, gegen 238, verursacht der Ruf nach Truppen aus den Gebieten nördlich der Alpen bei den Bojern südlich des Po schwere innere Auseinandersetzungen, obwohl sie zur Bekämpfung des römischen Vormarsches benötigt wurden. Die Urheber der Einladung und ihre ungebetenen Gäste scheinen sogar mit Waffengewalt beseitigt worden zu sein. Erst als die Gefahr unmittelbar droht, fassen die Bojer sechs Jahre später diese Möglichkeit ins Auge; obwohl sie vom gallischen Bündnis unterstützt wurde, scheitert die acht Jahre lang vorbereitete Expedition der transalpinen Gäsaten in Telamon (225).

Im Donaugebiet findet der letzte große Feldzug 280/279 statt; danach setzt die Niederlassung der Skordisker in dem Gebiet, das die Zugangswege zu den griechischen Königreichen kontrolliert, den großen Beutezügen ein Ende.

Im Gegensatz zu anderen Beschäftigungen profitiert das Söldnertum im 3. Jahrhundert von einer ihm besonders günstigen Lage der Dinge. Zu Tausenden nehmen die Kelten an den Schlachten teil, die zu jener Zeit das Mittelmeer mit Blut rot färben. Man findet sie in Griechenland, in Ägypten, in Karthago. Dennoch droht diese scheinbar unerschöpfliche Einnahmequelle in dem Maße zu versiegen, wie sich die römische Vorherrschaft durchsetzt. Der Fall Karthagos setzt der großen Zeit keltischen Söldnertums ein Ende.

Zu Beginn des 2. Jahrhunderts verfügt die keltische Welt also über kein einziges ausreichendes Mittel mehr, um den Bevölkerungsüberschuß, die Ursache der Spannungen abzubauen. Daraus entsteht ein je nach Region mehr oder weniger ausgeprägtes Ungleichgewicht, das der Durchführung des Strukturwandels der keltischen Gesellschaft einen besonders günstigen Boden bereitet. Ihr deutlichstes Zeichen ist das Auftauchen einer städtischen Formation einfachster Art, die gewöhnlich mit dem lateinischen Ausdruck Oppidum bezeichnet wird.

Die Oppida des 3. Jahrhunderts südlich der Alpen

Die zuerst betroffene Region ist das zisalpine Gallien, wo die Kelten seit dem 4. Jahrhundert in enger Verbindung mit einer stark städtisch geprägten Zivilisation standen. Die ursprünglich auf weitverstreute ländliche Behausungen gegründete Siedlungsform der Kelten, wie sie von Polybius beschrieben wird, verändert sich zusehends und führt schließlich zu Großsiedlungen. Dic Hauptzentren, die nach der Überlieferung von Kelten gegründet wurden – Como, Brescia, Bergamo und Mailand –, sind heute große Städte, wo die durch eine zweitausendjährige intensive Bodennutzung verschütteten oder zerstörten Überreste nur in wenigen Ausnahmen wiedergefunden wurden. In Brescia hat eine Untersuchung der einzelnen Schichten nach einer Probebohrung nahe dem römischen Kapitol eine seit dem 5. Jahrhundert ununterbrochene Besiedlung dieser Gegend ergeben; in Mailand scheinen in der Umgebung des Doms mehrmals bedeutende vorrömische Schichten entdeckt worden zu sein. Leider kann man aus diesen Funden den Grad der Verstädterung der Siedlungen im Lauf des 4. und des 3. Jahrhunderts nicht ablesen. Die einzigen in dieser Hinsicht verwertbaren Hinweise liefern die antiken Texte.

Die glaubhaftesten Informationen sind sicherlich in dem von Polybius in der Mitte des 2. vorchristlichen Jahrhunderts verfaßten Werk enthalten. Dieser hatte das zisalpine Gallien bereist, wo die römische Anwesenheit die früheren Charakteristika der Bevölkerung erst sehr wenig verändert hatte. Er hätte sogar die Zeugen jener Ereignisse kennenlernen können, welche die letzten Jahre der gallischen Unabhängigkeit markieren. So erwähnt der Bericht über den Feldzug gegen die Insubrer der Lombardei im Jahr 222 die Belagerung von *Acerrae* – ein Ort, der wahrscheinlich dem heutigen Pizzighettone an der Adda entspricht und den Polybius mit dem Ausdruck *polis* (Stadt) bezeichnet – sowie die Unterstützung, welche die gallische Armee aus *Mediolanum* (Mailand) erhält, und die Belagerung von *Clastidium* (Casteggio) bei den benachbarten Anarern. Polybius gibt leider keine Beschreibung dieser Siedlungen. Dennoch geht aus dem Text hervor, daß es sich nur um befestigte Orte einer gewissen Größe handeln konnte, deren Bevölkerung zahlreich genug war, um ihre Verteidigung gegen eine römische Armee zu sichern: So wurde die Stadt Acerrae belagert, bevor ihr die Insubrer zu Hilfe eilen konnten.

Man kann also schließen, daß die Kelten südlich der Alpen in der zweiten Hälfte des 3. Jahrhunderts nicht nur Siedlungen städtischen Charakters besaßen, sondern auch mehrere städtische Zentren auf dem Gebiet jedes Volksstammes. So befand sich Acerrae, ein zweitrangiges Zentrum der Insubrer, ungefähr sechzig Kilometer vom Hauptort entfernt. Wir besitzen über das Gebiet der Bojer keine vergleichbaren Informationen, aber es ist wahrscheinlich, daß dort die Verstädterung genauso weit fortgeschritten war wie südlich des Po.

Die Schaffung städtischer Strukturen wäre ohne eine Landwirtschaft unmöglich gewesen, die in der Lage war, einen ausreichenden Überschuß zu produzieren, um die Lebensmittelversorgung der Städte zu sichern. Auch diesbezüglich sind die archäologischen und anderen Informationen mangelhaft. Zur Beurteilung der landwirtschaftlichen Produktionstechniken verfügen wir lediglich über die Beschreibung, die Polybius einige Jahrzehnte nach der römischen Eroberung vom zisalpinen Gallien gibt: „Seine Fruchtbarkeit zu beschreiben ist schwer. Man findet je nach Gegend Korn in solcher Überfülle, daß zu unserer Zeit der sizilianische Medimnus (ungefähr 52 Liter) Weizen vier Obolusse, der Medimnus Gerste zwei und der Metretus (ungefähr 39 Liter) Wein den Gegenwert von einem Medimnus Gerste kostete. Es gibt hier Rispen- und Kolbenhirse in wahrhaft außergewöhnlichem Überfluß. Man wird sich von der Menge der Eicheln, die aus den Eichenwäldern hier und da in der Ebene stammen, durch folgende Tatsache eine Vorstellung machen können: Der größte Teil des in Italien für den häuslichen Verzehr oder zur Versorgung der Truppen geschlachteten Schweinebestands kommt von dieser Ebene."

Dieses Bild von Reichtum und Fülle ist um so interessanter, als diese Produktion von einer Landwirtschaft geschaffen wurde, die strukturell von der etruskischen und der südlicherer Gegenden verschieden war. Um so mehr weist diese Landwirtschaft Gemeinsamkeiten mit jener Art auf, die im Lauf der letzten Jahrhunderte in den Gebieten nördlich der Alpen praktiziert wurde. Diese Ähnlichkeit liegt vor allem in den vergleichbaren klimatischen Verhältnissen begründet. Man kann übrigens annehmen, daß im zisalpinen Gallien wenigstens Anfänge einer rationellen und intensiven Landwirtschaft entwickelt wurden, welche die Grundlagen des wirtschaftlichen Aufschwungs der keltischen Welt bildete.

Die Veränderungen des 2. Jahrhunderts

Wahrscheinlich haben die keltischen Gruppen, die nach der römischen Besetzung zu Beginn des 2. Jahrhunderts aus Norditalien aufgebrochen waren, um sich wiederum nördlich der Alpen niederzulassen, ihre Erfahrung mit einer entwickelten Wirtschaft und städtischem Leben mitgebracht, was ein wichtiger, wenn nicht der entscheidende Anstoß für die alsbaldige Entstehung der Oppida auf breiter Ebene war. Allerdings besteht noch große Unsicherheit darüber, wie sich diese Veränderung abgespielt haben mag, weil das 2. Jahrhundert bis heute der am wenigsten bekannte Zeitraum der La-Tène-Zivilisation ist. Der Mangel an Informationen aus den alten Schriften und die Schwierigkeiten bei der Interpretation der archäologischen Quellen lassen vieles im unklaren; erschwerend kommt hinzu, daß sich genau zu jener Zeit der Übergang von einem sozio-ökonomischen System zu einem anderen abspielt. Hauptsächlich die zunehmende Verknappung der Grabbeigaben, die geringe Zahl gut datierbarer Stücke, die bei Grabungen in Schichten aus diesem Zeitraum gefunden wurden, und schließlich die Zerstörung oder Verschüttung der Überreste aus der ersten Phase der Entstehung der Oppida sind die Gründe für diesen Mangel an archäologischer Präzisierung. Daraus ergeben sich manchmal sowohl bedeutende Unterschiede in der chronologischen Einordnung der Fundstücke und Strukturen als auch eine allgemeine Neigung, die Anfänge der Oppida auf das Ende des 2. Jahrhunderts zu datieren, indem man sie entweder als Verteidigungsmaßnahme angesichts des Einfalls der Kimbern und Teutonen betrachtet oder als Ergebnis des römischen Einflusses nach der Schaffung der *Provincia* im Jahre 125 vor Christus.

Es scheint heute klar zu sein, daß die Entstehung der Oppida eine zu vielschichtige Erscheinung von zu großem Umfang ist, als daß sie sich aus zufälligen Ereignissen von verhältnismäßig geringer Tragweite erklären ließe. Dies soll natürlich nicht heißen, daß das eine oder andere dieser Ereignisse keine örtlichen Rückwirkungen gehabt hätte. Die Wiedererrichtung oder Instandsetzung einiger Befestigungen könnte vielleicht mit der in einigen Teilen der keltischen Welt zum Ende des 2. Jahrhunderts herrschenden vorübergehenden Unsicherheit erklärt werden. Der römische Einfluß, der von der *Provincia Narbonensis* ausgeht, zeigt sich aber ganz deutlich seit dem Beginn des 1. vorchristlichen Jahrhunderts in den Oppida des inneren Gallien, besonders in Bibracte, dem Hauptort der treu mit Rom verbündeten Häduer. Dies sind dennoch nur zweitrangige Erscheinungen, welche die gleichzeitige Entwicklung der Oppida und ihres Wirtschaftssystems in den westlichen und mittelöstlichen Gebieten nicht erklären können.

Die Errichtung dieses Systems findet wahrscheinlich lange vor dem Ende des 2. Jahrhunderts statt. Dies läßt sich jedoch nur indirekt aus der Entwicklung des Gebrauchs von Münzen beurteilen. Die ersten Münzprägungen tauchen bei den Kelten im Westen wie im Donauraum seit dem 3. Jahrhundert vor Christus auf. Es handelt sich dabei noch um treue Nachbildungen griechischer Vorbilder in Gold oder Silber, die anscheinend geprägt wurden, um das hellenistische Münzgeld zu ersetzen, und die dann im internationalen Geldumlauf geschätzt und verwendet wurden. Die verbreitete Vorliebe für bestimmte Münzarten, insbesondere für die makedonischen Prägungen Philipps II. und seines Nachfolgers, ist wahrscheinlich eine direkte Folge der Söldnerdienste und hängst zweifellos erst in zweiter Linie mit Handelsbeziehungen zusammen. Das keltische Münzwesen des 3. Jahrhunderts kann zum heutigen Zeitpunkt nicht als Anzeichen für eine wesentliche Veränderung in den auf Tauschhandel basierenden Wirtschaftsbeziehungen angesehen werden. Dies wird im 2. Jahrhundert anders, als die Zahl der Prägewerkstätten sich vervielfacht und der Gehalt an Edelmetall von einer Münzprägung zur nächsten regelmäßig abnimmt. Letzteres weist zweifellos auf die Rolle der Münze als Zahlungsmittel und Wertmaß in einem von einer zentralen Stelle aus kontrollierten Handelssystem hin, die aus der Prägung des Münzgeldes erhebliche Vorteile zieht. Dies ist um so wahrscheinlicher, als das Münzgeld anscheinend für den Umlauf innerhalb des

Gebietes jedes Volkes bestimmt war, was neben einem gewissen Grad der Spezialisierung in der Herstellung von Waren eine landesweite Organisation der Märkte voraussetzte und auf ein ziemlich beachtliches Handelsvolumen hinweist: Es ist ein entscheidender Schritt auf dem Weg von der Selbstversorgung zur Marktwirtschaft getan.

Die Entstehung der keltischen Oppida

Dic großcn Ercignissc, dic sich vom lctztcn Viertel des 2. Jahrhunderts v. Chr. an in Gallien abspielten – die Gründung der römischen provincia Narbonensis (im Süden Galliens) und der Einfall der Kimbern und Teutonen – wurden lange als der entscheidende Anstoß angesehen für das Auftauchen der keltischen Städte, die allgemein (mit dem lateinischen Namen) als „Oppida" bezeichnet werden: Die neuen römischen Städte seien eine Quelle von Anregungen, ein Modell gewesen, und die Bedrohung durch die verbündeten Germanen jenseits des Rheins habe dazu geführt, daß man die Bevölkerung an Orten konzentriert habe, die gut zu verteidigen waren. Die Oppida und die städtische Organisationsform, die damit zusammenhängt, hätten sich in Gallien also nach der unruhigen Zeit am Ende des 2. Jahrhunderts v. Chr. entwickelt.

Man glaubte ferner, daß der Aufschwung der jeweils eigenen Münzprägung in den gallischen Städten damit zusammengehangen habe, daß die Vorherrschaft, die die Arverner in Gallien ausgeübt hätten, mit deren Niederlage im Jahre 121 v. Chr. zusammengebrochen war. Der Ausdruck dieser Vorherrschaft im Bereich des Münzwesens sei die weite Verbreitung des Staters gewesen, der eine direkte Nachahmung der mazedonischen Prägungen auf den Namen Philipps II. war und den man den Arvernern zuschrieb.

Dieser Zusammenhang, den man zwischen verschiedenen Ereignissen herstellen wollte, die man entweder aus den Texten kennt oder aus den archäologischen oder numismatischen Überresten erschlossen hat – dieser Zusammenhang hat dem Anwachsen des archäologischen Materials und einer erneuten kritischen Prüfung der gesamten Umstände, unter denen bei den Kelten ein Netz von Städten entstanden ist, nicht standhalten können. Und in der Tat liefern sogar die Texte zahlreiche Hinweise darauf, daß das System, das später deutlich greifbar wird, schon erheblich früher existierte: ein System, in dem die Gründung einer zentralen größeren Siedlung, eben des Oppidum, eine wesentliche Rolle spielte bei der Konstituierung des Gemeinwesens und bei seiner Niederlassung auf einem bestimmten Territorium. Man könnte natürlich das Beispiel der Insubrer nennen, deren Existenz als Stammesbündnis nicht zu trennen ist von der Gründung von Mediolanum (Mailand), der „Mitte des Gebietes". Allerdings kann man der Ansicht sein, daß der Fall bei den Kelten der Transpadana (d. h. in der Poebene nördlich des Flusses) – bei denen die frühe Verstädterung zweifellos die Folge des starken Einflusses ist, den die Welt der etruskischen Städte ausübte – anders gelagert sei als bei den Kelten nördlich der Alpen.

Einen sehr bedeutsamen Hinweis liefert das Beispiel der Kelten aus dem Norden, die im Jahre 186 v. Chr. in das östliche Venetien einfielen und das Gebiet in Besitz nahmen, indem sie ein Oppidum gründeten. Dieses koloniale Unternehmen – denn darum handelt es sich durchaus – ist also in dieser Zeit eng verknüpft mit der Etablierung eines Zentrums mit städtischem Charakter. Die Römer waren sich darüber durchaus im klaren, und ihr Eingreifen im Jahre 183 v. Chr. war veranlaßt durch die Nachricht, daß die Gallier, die nach Italien hinübergekommen waren, „ein Oppidum errichteten auf dem Gebiet, das jetzt zu Aquileja gehört" (Livius, Römische Geschichte XXXIX, 45). Sie davon abzubringen bedeutete soviel, wie ihnen die endgültige Niederlassung zu verwehren. Man muß also zugestehen, daß die Kelten, von denen hier die Rede ist, eine deutlich andere Vorstellung davon hatten, wie man ein Territorium in Besitz nimmt, als das bei den früheren Wanderungen der Fall war, die nicht mit der Gründung gemeinsamer Zentren verbunden gewesen zu sein scheinen – mit Ausnahme der religiösen Zentren, für die das zentrale Heiligtum der Galater, das Drunemeton, ein Beispiel ist.

Das Studium des Netzes der Oppida hat ferner ans Licht gebracht, daß ihre Gründung keine improvisierte Reaktion auf eine drohende Gefahr gewesen sein kann. Die Wahl des Ortes scheint nie ausschließlich unter Gesichtspunkten der Verteidigungsfähigkeit erfolgt zu sein: An den bedeutenden Handelsstraßen gelegen, spielten die Oppida deutlich erkennbar die Rolle einer Raststation und eines Marktortes. Im allgemeinen kontrollierten sie eine strategische Stelle, z. B. einen Übergang über einen Fluß, den Ausgang eines Tales, den Übergang von einem Flußtal in das andere. Ihr genauer Ort war normalerweise so ausgesucht, daß der Schutz, den die Natur bot, optimal ausgenutzt wurde: auf einem Hügel oder einer einzelnen Anhöhe, auf einem Bergsporn oder in einer Flußschleife. Es gab allerdings auch Oppida in der Ebene, wo die gesamten Verteidigungsanlagen durch den Menschen errichtet werden mußten: Das ist bei Manching der Fall, einem Oppidum, das durch einen kreisförmig angelegten Wall geschützt war – eine Anlage, die in der Konzeption von der Weise abwich, wie man im Mittelmeerraum Städte baute.

Schließlich haben die Ausgrabungen, die in den letzten vierzig Jahren in den Oppida Mitteleuropas durchgeführt worden sind, langsam immer mehr Zeugnisse zutage gefördert, die belegen, daß die Gründungsphase wenigstens einiger von ihnen früher anzusetzen ist als die römische Besetzung der Narbonensis. Man hat außerdem festgestellt, daß das keltische Münzwesen sich bereits viel früher entwikkelt hatte, als man sich das bisher vorgestellt hatte.

Heute ist klar, daß die Entstehung der keltischen Oppida ein komplexer Prozeß großen Ausmaßes ist. Sie stellt das

Ergebnis einer Veränderung dar, die nicht nur den wirtschaftlichen Bereich oder die Struktur der Gesellschaft betrifft, sondern auch so unterschiedliche Dinge wie die Begräbnisriten oder die Bewaffnung. Es ist ebenfalls klar, daß es sich nicht um einen gleichförmigen Prozeß handelt: Er berührt nicht alle Regionen zur gleichen Zeit und in der gleichen Weise.

Böhmen ist im Moment diejenige keltische Provinz, wo Entstehung und Entwicklung des Netzes der Oppida am besten erforscht sind. Eine Schlüsselstellung nimmt die Festung Závist ein, die zehn Kilometer flußaufwärts von Prag über der Moldau liegt. Sie war gegen Ende des 5. Jahrhunderts v. Chr. aufgegeben worden, zu einer Zeit, als sie (soweit man weiß) die größte befestigte Siedlung nördlich der Alpen war. Ihr Umbau zum Oppidum, ineins mit der Wiederherstellung der Festungsanlagen, ist zweifellos eine gewollte und geplante Aktion gewesen. Ihr geht eine kurzzeitige Nutzung der Stelle voraus, in der man wohl die Inbetriebnahme der Baustelle sehen muß. Diese Anfangsphase wird heute mindestens bis zum Beginn des zweiten Viertels des 2. Jahrhunderts v. Chr. zurückdatiert. Die allmähliche Wiederherstellung der Festungsanlagen dürfte gleichzeitig erfolgt sein wie die Inbetriebnahme einer neuen Baustelle in Hrazany, etwa dreißig Kilometer moldauaufwärts. Der nächste Schritt in der Erweiterung des Netzes von Oppida dürfte im Beginn der Bauarbeiten in Stradonice bestanden haben – an einer Stelle, die das Tal der Berounka beherrscht, eines Flusses, der damals gleich unterhalb von Závist in die Moldau mündete, in einer Gegend, die reich an Eisenerzvorkommen ist, und nahe bei goldführenden Flüssen. Dieses neue Oppidum wurde im selben Ausdehnungsmaßstab geplant, wie er damals in Závist verwirklicht war; die Einteilung des inneren Raumes wurde erst vorgenommen, als die äußere Umfassung bereits fertig war. Ein weiteres Oppidum wurde damals in Nevezice gegründet, einem Platz an der Moldau oberhalb von Hrazany. Es wird schließlich nur teilweise bewohnt sein und nur für eine ziemlich kurze Zeit. In östlicher Richtung, nach Mähren und dem großen Oppidum von Staré Hradisko hin, das die Kontrolle der Bernsteinstraße sicherstellte, wurde auf halber Strecke das Oppidum von Ceské Lhotice errichtet. Bei dem Oppidum von Trísov – am Oberlauf der Moldau gelegen, in der Nähe von Graphitvorkommen, einer Substanz, die man brauchte, um eine bestimmte Art von Keramik herzustellen – ist die Frage nach seinen Anfängen noch nicht vollständig aufgeklärt. Es handelt sich aber offenbar um eine späte Gründung an der Straße, die ins Donautal führt.

Man kann also feststellen, daß die Errichtung eines solchen Netzes von Städten an Orten, die vorher unbewohnt waren, sich als ein sorgfältig geplantes Unternehmen zeigt, als eine Welle von Städtegründungen, die in keiner Weise dem „evolutiven" Modell entspricht, das man früher entwickelt hatte, um die Entstehung der Oppida zu erklären und das auf der Annahme einer allmählichen Konzentration der Wohnbevölkerung am Ort beruhte. Die Tatsache, daß die Gründung eines Netzes von Oppida nur durch eine starke Zentralgewalt geleitet worden sein kann, die im voraus über ein Konzept für die städtische Siedlung und ihre Funktionen verfügen mußte – diese Tatsache legt es nahe, die Initiative zu diesem Unternehmen den Bojern zuzuschreiben, die nach der Niederlage des Jahres 191 v. Chr. aus Italien verjagt worden und in ihre Heimat zurückgekehrt waren (nach Strabo, Geographica V,1,6). Diesen selben Bojern in Böhmen, die aus Italien den Erfahrungsschatz aus zwei Jahrhunderten in städtischer Umgebung mitgebracht hatten, kann man übrigens auch (nach Ausweis der Texte und der Münzprägungen) die Gründung des Oppidums von Bratislava (Preßburg) zuschreiben, das einige Zeit später, etwa im ersten Viertel des 1. Jahrhunderts v. Chr., an einer strategisch besonders wichtigen Stelle an der Donau errichtet wurde.

Sicherlich wird man diese mitteleuropäischen Verhältnisse nicht ohne weiteres verallgemeinern dürfen. Aber sie sind immerhin ein Zeugnis für eine Inbesitznahme des Landes mittels planmäßiger Städtegründung – eine Vorgehensweise, die genau derjenigen entspricht, die oben für denselben Zeitraum am Beispiel der nach Venetien eingewanderten transalpinen Kelten geschildert wurde.

Die Entstehung und Ausbildung der Oppida ist zweifellos ein Zeichen dafür, daß im 2. Jahrhundert v. Chr. eine neue Organisationsform der keltischen Gesellschaft im Entstehen ist. Eine genauere Untersuchung dieses Typs von befestigter Siedlung zeigt deutlich, daß sie alle Funktionsmerkmale aufweist, die nötig sind, damit man von einem Gebilde von städtischem Charakter sprechen kann. Es geht auch nicht darum, daß formale Elemente der Stadt einem System bloß aufgepfropft würden, das seiner Struktur nach damit unvereinbar wäre, wie das vielleicht in früherer Zeit der Fall war: Das Oppidum ist das Produkt und gleichzeitig der Schlußstein eines in sich vollkommen einheitlichen Systems, das aus einem Wandlungsprozeß hervorgegangen ist, den der größte Teil der keltischen Welt seit dem 3. Jahrhundert durchlaufen hat und der alle Aspekte des wirtschaftlichen und sozialen Lebens betraf.

Das keltische Oppidum und seine Funktionen

Die genaue Betrachtung der verschiedenen Funktionen des Oppidum zeigt, daß es der Schlußstein im neuen System ist. Grundsätzlich an einer wichtigen Handelsstraße gelegen, ist die städtische Siedlung ein Rast- und Umschlagplatz, der Ort, in dem sich die spezialisierten Handwerker einfinden, wo die Münzen geprägt werden und von dem aus die zentrale Macht ausgeübt wird. Diese Konzentration lebenswichtiger Funktionen, zu der sich eine außerordentliche Anhäufung von Reichtümern gesellt, macht das Oppidum gleichzeitig zum neuralgischen Punkt des Systems und zum Gegenstand von Begehrlichkeiten. Die Siedlung wird daher grundsätzlich auf einer Anhöhe angelegt, deren natürlicher Schutz durch eindrucksvolle Befestigungen ergänzt wird. Anhand der Informationen aus den alten Schriften und den archäologischen Ausgrabungen kann ein solches Bild vom Oppidum des 1. vorchristlichen Jahrhunderts skizziert werden. Kann es ohne Veränderungen auf das vorhergehende Jahrhundert übertragen werden? Was seine Funktion betrifft, ja, weil nämlich die Existenz solcher Zentren eine der unerläßlichen Voraussetzungen für das Funktionieren des Systems ist. Was das Vorhandensein oder Fehlen von Befestigungsanlagen betrifft, die Art der Bauwerke, die Ausdehnung oder sogar den Standort dieser Siedlungen, so ist zuwenig bekannt, als daß man sich über die Unterschiede oder die Ähnlichkeiten der Zentren des 2. und des 1. Jahrhunderts äußern könnte. Es ist sogar wahrscheinlich, daß sich die Entstehung jedes einigermaßen bedeutenden Oppidum in mehreren aufeinanderfolgenden Zeitabschnitten abspielte und daß die Oppida manchmal aus verschiedenen Gründen verlegt worden sind. Die möglichen Unterschiede sind jedoch nur von zweitrangigem Interesse im Vergleich zu der Feststellung, daß Siedlungen mit denselben Funktionen, welche die Oppida des 1. Jahrhunderts charakterisieren, im Inneren Europas sehr wahrscheinlich schon vor der Mitte des 2. Jahrhunderts existiert haben.

Die Ausgrabungen am Oppidum von Manching in Bayern haben bereits bedeutende Argumente für diese Hypothese erbracht. Einige der dort gefundenen Überreste könnten aus dem 3. vorchristlichen Jahrhundert stammen, für das die Existenz einer Ansiedlung, die wahrscheinlich außerhalb des eigentlichen Oppidum lag und daher noch nicht bekannt ist, indirekt durch Nekropolen bestätigt ist. Das während der ersten Phase des Oppidum besiedelte Gebiet stellt nur einen Bruchteil dessen dar, was später, vielleicht noch vor Ende des 2. Jahrhunderts, von einem mächtigen Bollwerk umschlossen wurde. Wenigstens dreimal wurde die Befestigung vor der erzwungenen Aufgabe des Platzes wieder errichtet, aber sein Innenraum wurde niemals vollständig überbaut. Man kann denselben freien, von den Befestigungsanlagen umschlossenen Raum bei zahlreichen Oppida, aber auch bei griechischen, römischen und mittelalterlichen Städten feststellen. Das ungünstige Verhältnis zwischen dem verteidigten Umkreis und der bebauten Fläche ist also nicht notwendigerweise ein primitiver Zug, der lediglich an die Benutzung dieser Verschanzungen als zeitweiliger Zufluchtsort für die Bevölkerung aus der Umgebung und ihre Habe geknüpft ist. Die besondere Landschaftsform und das erhoffte Wachstum der Siedlung haben unter Umständen auch eine Rolle gespielt. Endlich war es sicher nützlich, Raum für vorübergehende, aber regelmäßige Veranstaltungen wie Märkte, Versammlungen und anderes freizulassen: Auf diese Weise konnten der Zugang zu ihnen überwacht und auf die angebotenen Waren die Zölle erhoben werden, die Cäsar mehrmals erwähnt.

Bei den Ausgrabungen von Manching wurde unter zahlreichen Fundstücken eine beträchtliche Anzahl von Werkzeugen gefunden, die für verschiedene handwerkliche Tätigkeiten charakteristisch sind. Die Feststellungen, die bei der früheren Ausgrabung am Mont Beuvray, dem Oppidum von Bibracte, getroffen wurden, werden durch die Verteilung dieser verschiedenen Werkzeuge im Inneren des Oppidum bestätigt: Die Werkstätten scheinen je nach Art des Handwerks in bestimmten Sektoren des umfriedeten Gebiets angesiedelt gewesen zu sein. Das Viertel der Handwerker lag in der Nähe des Haupttors, weiter oben waren die Wohnhäuser des Adels der Häduer, und noch weiter, auf der höchsten Erhebung, befand sich das Heiligtum. Wegen der besonderen Landschaftsform des Oppidum von Manching – eine ringförmige Einfriedung inmitten des Donaumooses – kann man keine vergleichbare hierarchische

Unterteilung des Innenraums erkennen. Bibracte stellte deswegen jedoch keine Ausnahme dar, denn die Ergebnisse der in Böhmen durchgeführten Grabungen in dem großen Oppidum von Závist, oberhalb von Prag über der Moldau gelegen, scheinen eine ähnliche Situation anzuzeigen. Der höchste Teil – die Akropolis – war damals ein abgegrenztes Areal von ovaler Form, in dem man ein Heiligtum sieht, und die Werkstätten wurden weiter unten direkt neben einem der Tore der Hauptbefestigung entdeckt.

Die Gesellschaftsstrukturen

Die hierarchische Aufgabenverteilung innerhalb einiger Oppida scheint also die Struktur der damaligen keltischen Gesellschaft, wie man sie anhand der alten Schriften rekonstruieren kann, einigermaßen genau wiederzugeben.

Nach Cäsar standen zwei Klassen an der Spitze der Gesellschaftsordnung: die Druiden und die Ritter. Die Druiden verkörpern die Geistlichkeit, sie leiten die Opferrituale, regeln die Religionsausübung, sorgen für die Unterweisung der Jugend, fungieren als Schiedsrichter in den Konflikten zwischen Staaten oder Privatleuten und besitzen eine unanfechtbare Autorität in der Rechtsprechung. Diese Menschen, die das Vorrecht bewahren, „die Natur der Götter zu kennen", dienen als Vermittler zwischen den Sterblichen und dem Übernatürlichen. Sie geben ein Weltbild und eine Vorstellung von der menschlichen Bestimmung weiter, die in Form einer Geheimlehre mündlich überliefert werden. Sie sind die Bewahrer des Grundwissens, und so zögern die griechischen Autoren nicht, sie als Philosophen und Theologen zu bezeichnen. Ihr Ansehen und ihre Macht sind beispiellos, und sie genießen absolut außergewöhnliche Vorrechte: Vom Dienst mit der Waffe freigestellt, bezahlen sie auch keine Steuern. Die Druidenanwärter werden aus den jungen Adligen ausgewählt. Sie werden lange Zeit, manche behaupten zwanzig Jahre, besonders ausgebildet, wobei sie hauptsächlich heilige Textüberlieferungen auswendig lernen. Die verfügbaren Informationen betreffen alle den Zeitraum nach dem Ende des 2. Jahrhunderts und erlauben weder eine Angabe über das Alter dieser Institution noch ein Urteil über ihre eventuellen Veränderungen. Es ist allerdings wahrscheinlich, daß die Art heiliger Bruderschaft, die voll im wirtschaftlichen und politischen Leben steht – laut Cäsar greifen die Druiden in Grundstücks- und Erbschaftsangelegenheiten ebenso ein wie in die öffentlichen und privaten Finanzen –, das Ergebnis einer bereits fortgeschrittenen Herabwürdigung der ursprünglichen Funktion ist. Der einzige Druide, von dem uns ein genaueres Porträt überliefert ist, der adlige Häduer Divitiacus, ist in erster Linie ein Politiker. Als Freund Roms und unermüdlicher Vermittler scheint er an der Spitze der gemäßigten Partei zu stehen, während sein ebenso einflußreicher Bruder Dumnorix die antirömischen Kräfte auf seiner Seite vereinigt. Divitiacus übernimmt im Jahr 60 oder 59 v. Chr. das jährlich zu vergebende Amt des *Vergobreten* und wird mehrmals Botschafter oder offizieller Unterhändler des Ältestenrats von Bibracte. Das Priesteramt, das mit der Funktion der Druiden verbunden ist, scheint keine besondere Lebensweise aufzuerlegen, denn Divitiacus unterscheidet sich in nichts von jedem anderen einflußreichen Mitglied des Adels der Häduer; und man wüßte gar nicht, daß er Druide war, wenn Cicero, der ihn in Rom kennengelernt hatte, dies nicht ausdrücklich erwähnt hätte.

Die Druiden stellten die geistige Elite des Adels dar, der im 1. vorchristlichen Jahrhundert offenbar allein die Macht ausübte. Zu dieser Zeit regieren Oligarchien von Adligen, die das erbliche Königtum, das in Gallien im 2. Jahrhundert noch existiert hatte, im darauffolgenden Jahrhundert verdrängt hatten. Bei den Arvernern, die im Jahr 121 von den Römern besiegt worden waren, war der König Bituit Nachfolger seines Vaters Luern; Celtillus, der Vater des Vercingetorix, dagegen „wurde von seinen Landsleuten getötet, weil er nach der Königswürde trachtete". So hat sich also in weniger als einem Jahrhundert, das zwischen diesen beiden Vorgängen liegt, die Einstellung zum Königtum radikal verändert. Die Hypothese, daß die Abschaffung des erblichen Königtums einer Etappe in der Entwicklung der keltischen Gesellschaft entspricht, wird indirekt dadurch bestätigt, daß diese Art Monarchie auf den britannischen Inseln, wo die Entwicklung der Gesellschaftsstruktur eine deutliche Verzögerung gegenüber dem Kontinent aufweist, mindestens bis zum 1. nachchristlichen Jahrhundert existiert. Die Monarchie wird zunächst durch einen auf Zeit gewählten König ersetzt – dies scheint zu Beginn des 1. vorchristlichen Jahrhunderts bei den Sequanern der Fall gewesen zu sein, wo Catamantaloedis „lange Zeit König in seinem Land war" – und später durch die einjährige Amtszeit, die Cäsar bei den Häduern beschreibt.

Dieses oberste Amt des *Vergobreten* ist mit einer Exekutivgewalt ausgestattet, die lediglich auf die Führung der laufenden Geschäfte beschränkt zu sein scheint. Jede wichtige Entscheidung wird dem Rat der Vornehmen – dem „Senat" – vorgelegt oder, im Falle einer schwerwiegenden Entscheidung, wie eines Kriegseintritts, der Versammlung der Waffentragenden, die vom Vergobreten einberufen wird: „All jene, die das Mannesalter erreicht haben, kommen in Waffen dorthin; der zuletzt Gekommene wird vor der ganzen Menge aufs grausamste bestraft". Die getroffenen Entscheidungen, die nicht sofort ausgeführt werden, werden Gegenstand eines Gesetzes: So legen die Helvetier, nachdem sie den Auswanderungsplan des Orgetorix diskutiert und gebilligt haben, den Tag des Aufbruchs durch Gesetz auf einen Zeitpunkt drei Jahre später fest.

Der demokratische Anschein dieses Systems, das als oberste Instanz die Versammlung aller zum Tragen von Waffen berechtigten Männer einschaltet, täuscht allerdings. Der größere Teil der Bevölkerung war vom Adel direkt abhängig, wodurch dieser seine Vorrechte ausbaute. Es fehlen Informationen über die Grundlagen dieser Abhängigkeiten in Gallien, aber sie hatten zweifellos wie im mittelalterlichen Irland ihren Ursprung in der Verpachtung der Herden und nicht in der von Grund und Boden, der Eigentum des Gemeinwesens war. Je nach Art des Vertrags konnten sich zwei Kategorien der Abhängigkeit herausbilden, die wir aufgrund der ähnlichen Sachlage im mittelalterlichen Irland genau charakterisieren können.

Die *Ambakten* waren annähernd Leibeigene, aber sie waren wahrscheinlich nicht Eigentum der Adligen, wie Cäsar glaubte. Sie gaben, zweifellos durch einen Vertrag und gegen eine spezielle Bezahlung, ihren „Ehrenpreis" (worunter die Entschädigungssumme bei Verletzungen durch Dritte zu verstehen ist) zugunsten des Beschützers auf, der somit Eigentümer ihrer juristischen Person wurde. Sie behielten das Vorrecht, Waffen zu tragen, aber sie existierten vor dem Gesetz nur vermittels ihres Beschützers, dem sie Abgaben bezahlten und den sie in den Krieg begleiten mußten. Die Abhängigkeit der *Klienten* war geringer, sie gaben ihren „Ehrenpreis" nicht auf, bezahlten aber höhere Abgaben, waren Geschenke schuldig und mußten Kriegs- und Friedensdienste leisten.

Die Hierarchie des Adels ergab sich aus der Zahl der Klienten und Ambakten seiner Mitglieder. Der Adel war auf diese Weise in Kategorien eingeteilt. Jeder solchen Gruppe entsprach, immer nach dem irischen Beispiel, ein „Ehrenpreis" der zur Gruppe gehörenden Adligen, der ihrer Bedeutung beziehungsweise der Größe ihrer Gefolgschaft an Klienten und Ambakten entsprach. Dieser Begriff ist im alten keltischen Recht von großer Bedeutung, weil er immer anläßlich einer Entschädigung, aber auch bei allen juristischen Vorgängen auftaucht: Durch den „Ehrenpreis" bestimmt sich der Wert einer Zeugenaussage, eines Schwurs oder einer Bürgschaft ebenso wie die Eignung, in einem Prozeß als Kläger aufzutreten. Sie läßt sich das System der Klienten besser verstehen, das Einzelpersonen von geringem juristischem Gewicht gestattete, sich unter den Schutz einer Persönlichkeit zu stellen, die dadurch wiederum ihren eigenen Einfluß vergrößerte. Das Kriterium für die Auswahl der Mitglieder des Rats der Vornehmen – Cäsar bezeichnet ihn mit dem Ausdruck „Senat" – ist unbekannt. Es ist jedoch wahrscheinlich, daß er von den Adligen der höchsten Kategorie gebildet wurde.

Die gallische Gesellschaft des 1. Jahrhunderts wird also von einer kleinen Minderheit regiert, ein System, das sich auf einen allmächtigen Adel stützt, der das geistige Leben ebenso kontrolliert wie die wirtschaftlichen und politischen Aktivitäten. So läßt Cäsar den Abgesandten der Bellovaker, welche die Verantwortung für ihren Kriegseintritt auf den „unwissenden Pöbel" abzuwälzen versuchen, entgegnen: „In Wahrheit ist niemand mächtig genug, um den Krieg gegen den Willen der Häuptlinge, trotz der Opposition des Senats und des Widerstands aller wohlhabenden Leute, nur unter Mitwirkung des ungebildeten Pöbels zu entfachen und zu führen."

Eifersüchtig auf ihre Vorrechte, wachen die Vertreter des Adels mit Bedacht darüber, daß keinesfalls die persönliche Macht eines der Ihren oder sein Einfluß auf den Pöbel zu groß wird und so die Erhaltung der Institutionen gefährdet. Zahlreiche Stellen in Cäsars Bericht zeugen von dieser ständigen Besorgnis. Die gallischen Völker erschöpfen sich auf der Suche nach einem zerbrechlichen Gleichgewicht in inneren Kämpfen und Bruderkriegen.

Die Bojer in Pannonien

Für die anderen kontinentalen Provinzen der keltischen Welt gibt es leider keine so reichhaltige und ausführliche Quelle, wie sie Cäsars Werk für Gallien darstellt. Die einzig verfügbaren archäologischen Funde liefern nur indirekte Hinweise für das Studium der Gesellschaftsstruktur. Ihre Untersuchung ergibt zumindest für die blühenden Gebiete im östlichen Mitteleuropa, die seit langem von Kelten besiedelt waren, keine merklichen Unterschiede: Die Entwicklung der Oppida ist in allen Punkten mit jener in Gallien vergleichbar.

Die bisher wertvollsten Hinweise wurden auf dem Gebiet der mächtigen Bojer in Pannonien gefunden, jenes Volkes, das zum Teil, wie es scheint, aus den Überlebenden des gleichnamigen Volkes südlich der Alpen besteht. Ein Teil von ihnen war um den Anfang des 1. Jahrhunderts v. Chr. nach und nach von Böhmen in die strategisch wichtige Gegend ausgewandert, wo die Donau an den ersten Ausläufern der Kleinen Karpaten entlangfließt. Ihr Hauptzentrum war wahrscheinlich das Oppidum, an dessen Stelle die heutige Stadt Bratislava (Preßburg) steht. Es wurde um die Mitte des 1. Jahrhunderts vor Christus durch den Angriff der Daker unter Burebistas zerstört, was den Niedergang der Macht der Bojer auf dem linken Ufer der Donau einleitete.

Ein Tor des Oppidum wurde kürzlich entdeckt: Es ist ein eindrucksvolles Mauerwerk mit zwei durch einen Pfeiler getrennten und mit Steinplatten belegten Durchgängen, deren Breite bei sieben Metern liegt. Das Wasser floß durch eine gemauerte Rinne ab, und die Wände waren verputzt. Die Ausgrabungen der keltischen Oppida haben bis jetzt kein entsprechendes und so vollkommen außergewöhnliches Bauwerk ans Licht gebracht. Das Tor wurde gewaltsam zerstört: Auf dem Plattenbelag sind Stücke von Kupferblech gefunden worden, die durch Feuer verformt und mit rundköpfigen Nieten versehen waren und die zweifellos zu den Beschlägen der Holztür gehört hatten. Bruchstücke von La-Tène-Töpferwaren wurden unter den Trümmern des Bauwerks ebenso gefunden wie Scherben dakischer Keramik, was die Beziehung zwischen dem Zusammenbruch der Verteidigungsanlagen des Oppidum und der Besetzung der Region durch die Truppen des Burebistas bestätigt.

In der Siedlung der Bojer in Bratislava wurden an einigen Stellen hochentwickelte Brennöfen gefunden, die ein hohes technisches Niveau bescheinigen. Dieses Oppidum war außerdem unbestreitbar Zentrum eines Münzwesens, was einige interessante Rückschlüsse auf die Gesellschaftsstruktur zuläßt. Die Hauptserien dieser Münzerei sind Ausgaben von Sechsdrachmenstücken aus gutem Silber, deren fast gleichbleibendes Gewicht darauf hinweist, daß sie innerhalb eines kurzen Zeitraums entstanden sind. Diese Tatsache wird durch die Ähnlichkeiten zwischen den Darstellungen auf den Münzensowie durch ihre Beziehungen zu einigen römischen Serien bestätigt. Die verschiedenen Ausgaben finden sich übrigens ebenfalls bei einer Reihe von Münzfunden in Bratislava und Umgebung. In der Stadt selbst wurde ein halbes Dutzend von solchen „Schätzen" mit insgesamt fünfhundert Exemplaren gefunden. Diese Münzen stammen natürlich aus der Zeit vor dem Angriff der Daker. Es ist sogar sehr wahrscheinlich, daß aufgrund dieses Angriffs zahlreiche Schätze in der südwestlichen Slowakei vergraben wurden. Erinnern wir uns, daß derartige Münzfunde östlich der Donau alle aus dem heutigen Rumänien stammen und daß es kaum möglich ist, sie Handelsbeziehungen auf große Entfernungen zuzuschreiben.

Es handelt sich bei diesen Münzen also um die letzten Prägungen der Bojer des linken Donauufers, die spätestens im Verlauf des zweiten Viertels des 1. vorchristlichen Jahrhunderts gefertigt wurden. Die häufig auf der Rückseite auftauchenden Personennamen sind eine Besonderheit, die diese Münzen mit den gallischen Silberprägungen kurz vor oder während der römischen Eroberung gemeinsam haben. Dies ist wahrscheinlich in beiden Fällen auf den Einfluß zurückzuführen, den der Gebrauch römischer Münzen ausübte. Man kann auf den Vierdrachmenstücken der Bojer sechzehn Namen unterscheiden, die alle keltischen Ursprungs sind. Am häufigsten erscheint der Name des *Biatec*, nach dem daher auch die Gesamtheit dieser Prägungen bezeichnet wird. Die gängige Hypothese, die diese Namen örtlichen Herrschern oder Fürsten zuschreibt, scheint sich allerdings nur schwer halten zu lassen, wenn man die geringe Streuung der bedeutendsten Funde berücksichtigt, die auf die Zugehörigkeit der verschiedenen Arten zur selben münzprägenden Macht hinweist. Auch die kurzen Zeitabschnitte zwischen den Ausgaben schließen die Möglichkeit aufeinanderfolgender Regierungszeiten, selbst wenn sie von kurzer Dauer waren, fast völlig aus. Die einzige einigermaßen wahrscheinliche Erklärung ist die, daß es sich um die Namen der jährlich wechselnden obersten Beamten handelt, die das Münzrecht besaßen oder wenigstens das Vorrecht, daß ihre Namen auf den während ihrer Amtszeit geprägten Münzen erschienen. Die Münzen mit den Namen *Bussumarus, Devil, Nonnos* und *Biatec* in den wichtigsten Münzfunden könnten somit der Reihenfolge der letzten Oberhäupter der Bojer entsprechen, wobei die letzten Serien die mit der höchsten Stückzahl wären. Es ist zweifellos bedeutsam, daß die Vierdrachmenstücke, die in Rumänien gefunden wurden, zu diesen Prägungen gehören.

Was die mögliche Funktion der Personen betrifft, deren Namen auf den Münzen erscheinen, so ist der Vergleich mit Gallien wenig nützlich. Bei den Häduern, deren Organisationsform am besten bekannt ist, erscheinen auf den Münzen unter anderen die Namen *Dubnorix* und *Litavicos,* die wahrscheinlich mit jenen Dumnorix und Litaviccus identisch sind, die Cäsar oft nennt. Es geht zwar aus diesen Aufzeichnungen weder ausdrücklich noch zwischen den Zeilen hervor, ob sie jemals das oberste Amt bekleidet haben, man erfährt jedoch über Dumnorix, daß er „seit langen Jahren die Zölle und alle anderen Steuern der Häduer zu einem Spottpreis gepachtet hatte". Dieser Hinweis könnte ebenso wie das Fehlen von Münzen mit den Namen von Personen, die bekanntermaßen das Amt des Vergobreten bei den Häduern bekleidet hatten (Divitiacus, Liscus, Convictolitavis), vermuten lassen, das Prägerecht sei nicht an das oberste Amt gebunden gewesen, sondern an eine andere Tätigkeit, die außerdem noch den Einzug von Gebühren und Steuern umfaßte. Eine solche Aufteilung der Macht wäre ganz im Sinne eines oligarchischen Systems gewesen, ist aber schwierig zu beweisen. Immerhin liefern einige Inschriften in keltischer Sprache – eine auf Stein in Norditalien (die zweisprachige Stele von Vercelli), andere auf Münzen der Lexovier in Gallien – Bezeichnungen, die vielleicht der Titel eines solchen für die Münzprägung verantwortlichen Beamten gewesen sein könnten: *argantocomaretecus* in Vercelli und *arcantodan[nos]* bei den Lexoviern.

Wenn man die Gesellschaftsordnung der großen Völker des östlichen Mitteleuropa nach ihrer äußeren Erscheinung betrachtet, scheint sie nicht spürbar anders als jene in Gallien zu sein, die dank Cäsar rekonstruiert werden konnte.

Die „Bernsteinstraße"

Der deutliche römische Einfluß, der sich von der ersten Hälfte des 1. Jahrhunderts an auf den Münzen der Bojer Pannoniens ablesen läßt – der deutlichste Beweis dafür ist die Verwendung von lateinischen Buchstaben –, überrascht nicht, wenn man den beachtlichen Aufschwung berücksichtigt, den der Handel zwischen Italien und den Zentren nördlich der Alpen damals erfährt. In den wichtigsten Oppida wurden Handelsniederlassungen gegründet. Cäsar erwähnt sie zwar nur in Gallien, aber Ausgrabungen haben ergeben, daß auch in den östlichen Gebieten solche Handelsplätze bestanden. Ein Beispiel dafür ist das Oppidum auf dem Magdalenenberg in Kärnten an der „Bernsteinstraße", welche durch das Gebiet der Bojer führte und die Adria mit dem Baltikum verband. Diese Handelsstraße ist den Römern seit der zweiten Hälfte des 2. Jahrhunderts so gut vertraut, daß sie auf dieser Straße im Jahre 113 ungefähr einhundertfünfzig Kilometer nordöstlich der Garnison Aquileja gegen die Kimbern vorzugehen versuchen. Die Truppen des Papirius Carbo erleiden nahe dem Oppidum von *Noreia*, das heute, allerdings wenig gesichert, mit Sankt Margarethen in der westlichen Steiermark identifiziert wird, eine Niederlage.

Man kann sich heute die Aktivitäten dieser Handelsniederlassungen und Art und Ausmaß ihrer Tauschgeschäfte nur schwer vorstellen. Trotzdem scheint es sicher, daß man den Grund für die Verbreitung gewisser Arten von Schmuckstücken, die für die letzte Phase der La-Tène-Zivilisation als charakteristisch betrachtet werden, in der Entwicklung der Handelsbeziehungen mit der römischen Welt oder, noch genauer, mit Italien suchen muß. Wahrscheinlich wurden dort gewisse Schmuckstücke aus Edelmetall hergestellt, die von den Handwerkern der Oppida überreichlich in Bronze nachgeahmt wurden, während die Werkstätten seit der Mitte des 2. Jahrhunderts die überlieferten Formen und Verzierungen zunehmend aufgeben.

Auf den Handelsstraßen entwickelt sich ein intensiver und regelmäßiger Verkehr, der die römische Welt mit den keltischen Ländern verbindet. Da ist die alte „Zinnstraße", die, ausgehend von den Verbindunghäfen mit der Insel Britannia, über den Lauf der Seine oder der Loire durch das Rhonetal nach Marseille führt. Es sind die Wege über die Alpen, die von Italien zum Schweizer Hochland führen, von wo sie sich nach Gallien oder zum Mittelrhein wenden, und es sind jene, die von Italien aus entlang dem Oberlauf des Rheins in das Tal der Donau führen. Weiter im Osten ist es schließlich die „Bernsteinstraße".

Die Brücken über die Thielle

Obwohl diese Straßen nicht so gut wie die römischen Heerstraßen waren, eigneten sie sich doch, um einigermaßen rasch voranzukommen, wasbesonders durch Brücken erleichtert wurde. Cäsar erwähnt Brücken über verschiedene Flüsse, aber wir kennen sie auch dank archäologischer Ausgrabungen. Im alten Bett der Thielle zwischen dem Bieler See und dem Neuenburger See hat man bis heute die gut erhaltenen Überreste dreier keltischer Brücken feststellen können. Zwei wurden vor längerer Zeit in der Gegend von La Tène entdeckt, wo die Thielle den Neuenburger See verläßt, die dritte, welche im Winter 1965/66 unter schwierigen Bedingungen, aber doch in beispielhafter Weise ausgegraben wurde, befand sich nur drei Kilometer flußabwärts nahe beim Dorf Cornaux. Die Tatsache zweier Brücken im Gebiet von La Tène erklärt sich durch einen bedeutenden und dauerhaften Anstieg der Wasseroberfläche des Sees, wodurch das Ufer sich verschob und die Verlegung der Brücke ungefähr hundert Meter flußabwärts notwendig wurde. Mit Hilfe der Dendrochronologie konnte die Errichtung des ältesten Bauwerks – der „Vouga-Brücke" – zwischen die Jahre 284 und 272 vor Christus datiert werden, während die „Desor-Brücke" erst im Verlauf der ersten Hälfte des 1. Jahrhunderts benutzt wurde. Die ältere Brücke wurde vor der Mitte jenes Jahrhunderts von einer der katastrophalen Überschwemmungen zerstört, die damals diese Region heimsuchten und auch die Zerstörung der Brücke von Cornaux verursachten. Der Zusammenbruch dieses Bauwerks, das neunzig Meter lang und dreieinhalb Meter breit war, geschah so plötzlich, daß die ungefähr zwanzig Personen, die sich in diesem Augenblick auf ihr befanden, nicht mehr fliehen konnten und unter den Trümmern begraben wurden. Das Beispiel der Thielle ist ein gewichtiges Argument für das hohe Alter und die beträchtlichen Ausmaße der Brücken bei den Kelten. Zugleich lassen solche Brückenbauten deutlich die Bedeutung erkennen, die für die Kelten die gute Gangbarkeit der Handelsstraßen besaß, die ihre Gebiete durchquerten.

Handel und Handwerk

Die Existenz eines guten Verbindungsnetzes zu Lande und zu Wasser ist eine der Voraussetzungen für die Entwicklung eines spezialisierten Handwerks, dessen Produktion nunmehr die örtliche Nachfrage übersteigt.

Seit dem 3. Jahrhundert beobachtet man, daß die modische Beliebtheit von Ringschmuck aus Sapropelith – einer fossilen Ablagerung organischen Ursprungs, die oft mit Braunkohle vermischt ist – von der Entstehung einer Art großen Industriegebiets nahe den Lagerstätten in Mittelböhmen begleitet wird, welches das gesamte Umland sowie das Donautal von Bayern bis zur Karpatensenke versorgt. Andere Produktionszweige, besonders die Eisenverhüttung, die von den örtlichen Vorkommen profitiert, kommen hinzu und ziehen aus den Handelsbeziehungen, die aus dem Sapropelithmonopol entsprungen waren, ihren Nutzen.

Da in verschiedenen Regionen der keltischen Welt vergleichbare Situationen von zentralen Produktionsstätten und weitgestreuten Absatzgebieten beobachtet worden sind, ist dies kein außergewöhnlicher Fall. Man darf sich dabei nicht vorstellen, daß nur kleine und leichte Gegenstände in weit entfernte Gebiete verbreitet wurden. Die gesteinskundliche Untersuchung eines Mühlsteins, der kürzlich in Radovesice in Böhmen entdeckt wurde, hat ergeben, daß der Stein aus dem Rheinland stammte. Die Entstehung der Oppida im 2. Jahrhundert stellt Handel und Handwerk auf eine solide Grundlage, die deren weitere Entwicklung nur noch begünstigt.

Man kennt die Vielfalt und das technische Niveau des in

den Oppida ansässigen Handwerks anhand von zahlreichen Werkzeugen, Einrichtungen, Werkstücken in Bearbeitung und Ausschußwaren, die man entdeckt hat. Die Eisenbearbeitung, deren Produktionszuwachs zu dieser Zeit beträchtlich ist, liefert Waffen, Werkzeuge und sogar Schmuckstücke und belegt grundsätzlich einen Spitzenplatz im Handwerk. Seit dem 3. Jahrhundert legen einige keltische Schmiede eine bemerkenswerte Fertigkeit an den Tag. Sie stellen mit derselben Geschicklichkeit ebenso beständige wie dekorative Fibeln, fein verzierte Armreifen, Panzerhemden und Angriffswaffen, Schwerter und Lanzen her. Sie kennen komplizierte Techniken, das Läutern und Härten, sowie die Säuregravur und das Ineinanderarbeiten verschiedener Metalle, aber sie stellen auch Gegenstände geringerer Qualität her.

Hauptsächlich stellen die Schmiede jedoch Werkzeuge für andere Berufe und für die Landwirtschaft her. Diese Werkzeuge waren damals schon in ihrer Mehrzahl so gut ihren Aufgaben angepaßt, daß sie bis zur Einführung der Maschinen unverändert geblieben sind. Die allgemeine Verwendung von Eisenwerkzeug hatte eine merkliche Steigerung der Leistungsfähigkeit und der Ausbeute zur Folge. Das wird besonders bei der Holzverarbeitung spürbar. Die nunmehr verhältnismäßig einfache Gewinnung und Bearbeitung von Holz erlauben seine massive Verwendung beim Bauen. Die verbreitetsten Arten der Festungsbollwerke der Oppida weisen ein Balkengerüst auf, das die Abholzung, das Zurichten und den Transport von Zehntausenden von Bäumen erforderte. Wenn man die Holzmenge in Betracht zieht, die für andere Bauwerke, für die Küferei, die Wagnerei, die Tischlerei und andere Berufe benötigt wurden, und wenn man bedenkt, wieviel Brennholz für die Feuerstellen der Gießer und der Schmiede, für die Brennöfen der Töpfer, der Glasbläser und der Emailleure benötigt wurde, so erscheint das Bild von dem mit dichten Wäldern umgebenen Oppidum, wie es sich heute oft darbietet, für die damalige

Zeit seiner vollen Entfaltung wenig wahrscheinlich. Die Ausbeutung der Wälder für industrielle Zwecke gesellt sich zu den Spuren, die eine blühende Landwirtschaft hinterlassen hat. Die keltischen Gebiete außerhalb der römischen Grenzen haben ein derartig durch menschliches Tun geprägtes Aussehen wahrscheinlich erst im Hochmittelalter wiedererlangt.

Neue Begräbnisriten und neue Kunst

Der Wandel, der mit der Entstehung der Oppida einsetzt, beschränkt sich nicht auf die Wirtschafts- und Gesellschaftsstruktur, sondern erstreckt sich auch auf so scheinbar völlig andere Gebiete wie die Begräbnisbräuche und die Kunst. Sogar die Bedeutung der Grabstätte ändert sich völlig. Die Grabbeigaben in Form von Waffen und persönlichen Schmuckgegenständen verschwinden zusehends und bald vollständig, und eine allgemeine Abkehr von der Leichenbestattung und Hinwendung zur Einäscherung findet statt. Die Bestattung der sterblichen Hülle zusammen mit Gegenständen, die es dem Toten gestatten, im Jenseits seine ethnische und soziale Identität wiederzufinden, und mit Opfergaben, die ihm die Reise erleichtern sollen, wird durch die Verbrennung ersetzt, die nur eine Handvoll namenloser Asche zurückläßt, die einfach in eine Urne gefüllt oder sogar nur so verscharrt wird. Dieser Wandel beim Begräbnisakt, der sicherlich durch den Verfall überlieferter Strukturen und die Entstehung von Siedlungen einer bis dahin unbekannten Größe noch unterstützt wird, deutet jedoch nicht auf eine Veränderung im Glauben an ein Leben nach dem Tode hin, sondern betrifft nur formale Aspekte des Ritus.

Auf dem Gebiet der Kunst tauchen wieder bildliche Darstellungen auf, die während des 3. Jahrhunderts so sorgfältig vermieden worden waren. Hauptsächlich die Münzen erlauben uns heute, die gestalterische Begabung der Kelten des 2. und 1. Jahrhunderts voll einzuschätzen, weil die Ausgrabungen der Oppida nur eine sehr begrenzte Anzahl von Erzeugnissen einer gewissen Qualität hergegeben haben. Ein wichtiger Teil der Produktion der Werkstätten, nämlich die Luxusartikel, bleibt wahrscheinlich unbekannt.

Die genaue Untersuchung der Prägebilder und anderer verfügbarer Werke ergibt, daß die Rückkehr des menschlichen Antlitzes und der Darstellungen von Tieren und Monstern wenigstens zu Beginn nur einen formalen Bruch mit der vorhergehenden Periode darstellt. Diese Darstellungen haben niemals nur einen beschreibenden Stellenwert, sondern entspringen der den Kelten eigenen Ausdrucksform, in der der Mitteilungsgehalt nur unter der Bedingung Gestalt annimmt, daß sie nicht explizit ausgedrückt wird. Es ist, als ob die keltischen Kunsthandwerker fürchteten, durch naturgetreue Darstellungen die Vorstellungskraft zu ersticken und ihr mit dem Doppelsinn, den alle keltischen „Bilder" besitzen, das wertvolle Vorrecht zu entreißen, die trügerische Hülle der Wirklichkeit zu durchbrechen und den Inhalt mit neuen Bedeutungen zu bereichern.

Die Prägebilder der Münzen

Dieser faszinierende Aspekt der Prägebilder erleichtert ihre Deutung unglücklicherweise nicht gerade. Ihre Entschlüsselung ist trotz einiger ebenso kühner wie anfechtbarer Versuche nicht einfach. Man beobachtet jedoch eine gewisse Zahl von Übereinstimmungen dieser Prägebilder mit deutlich älteren Erzeugnissen, besonders aus der ersten Zeit. Außerdem tauchen die gleichen charakteristischen und leicht zu identifizierenden Darstellungen und Motive in verschiedenen Gegenden der keltischen Welt auf. Von dem rätselhaften Pferd mit Menschenkopf war ja bereits

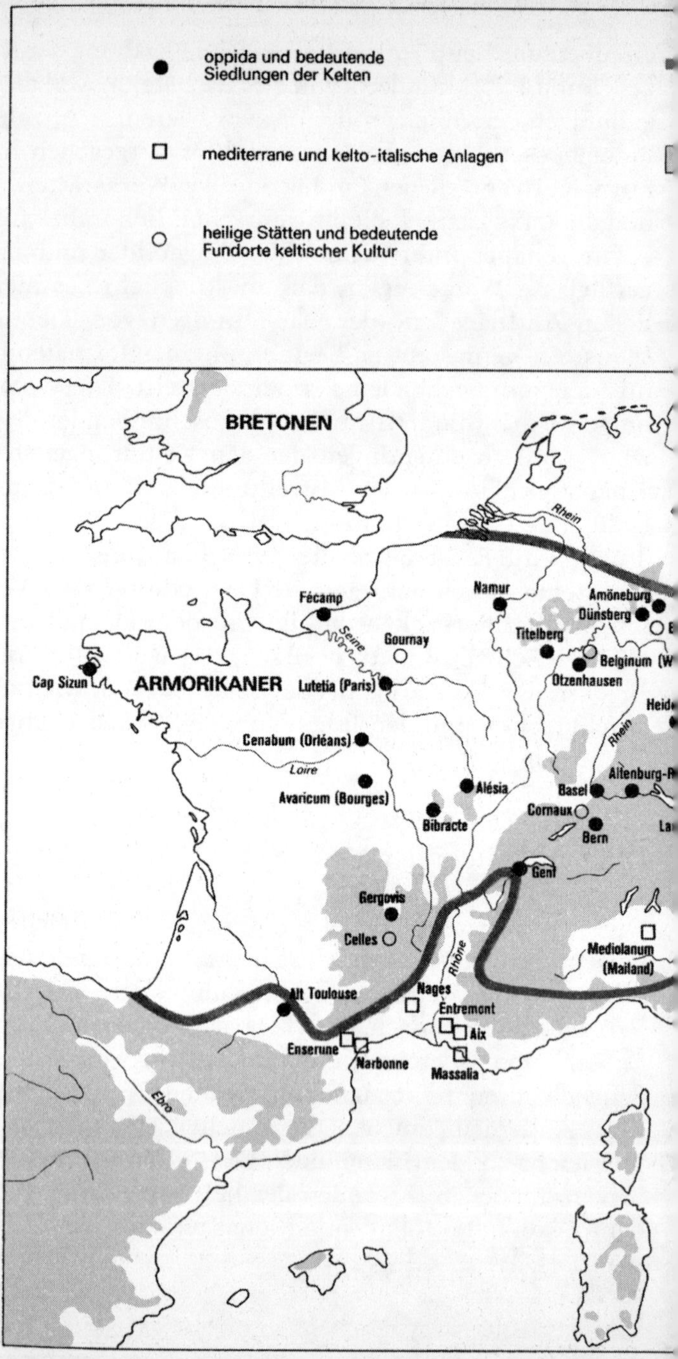
oppida und bedeutende Siedlungen der Kelten
mediterrane und kelto-italische Anlagen
heilige Stätten und bedeutende Fundorte keltischer Kultur
BRETONEN
ARMORIKANER
Cap Sizun
Fécamp
Seine
Gournay
Lutetia (Paris)
Namur
Titelberg
Amöneburg
Dünsberg
Otzenhausen
Rhein
Rhein
Cenabum (Orléans)
Loire
Avaricum (Bourges)
Alésia
Bibracte
Basel
Cornaux
Bern
Genf
Gergovis
Celles
Rhône
Mediolanum
(Mailand)
Alt Toulouse
Nages
Entremont
Aix
Enserune
Narbonne
Massalia
Ebro

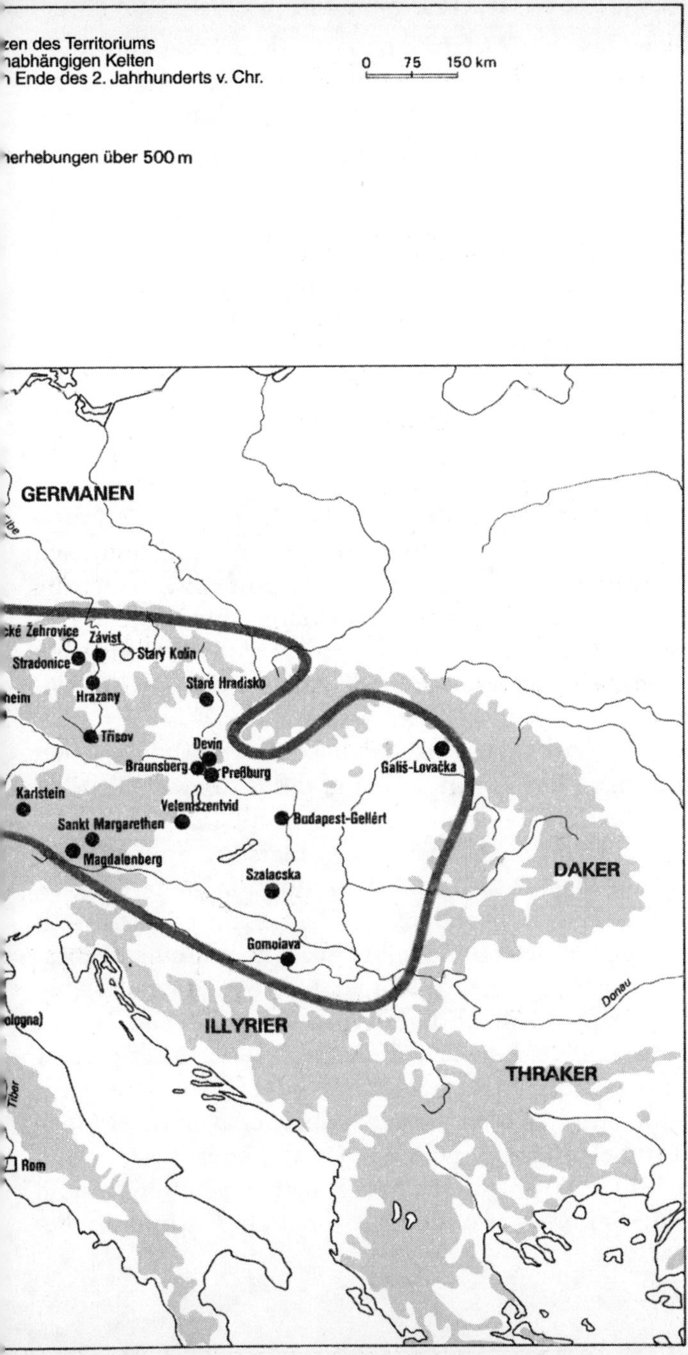

zen des Territoriums
nabhängigen Kelten
n Ende des 2. Jahrhunderts v. Chr.
0 75 150 km
nerhebungen über 500 m
GERMANEN
cké Žehrovice
Závist
Stradonice
Starý Kolín
Hrazany
Staré Hradisko
neim
Třísov
Devín
Braunsberg
Preßburg
Gališ-Lovačka
Karlstein
Velemszentvid
Budapest-Gellért
Sankt Margarethen
Magdalenberg
Szalacska
DAKER
Gomolava
Donau
ologna)
ILLYRIER
THRAKER
Tiber
Rom

die Rede, das im 5. Jahrhundert auf dem Krug von Reinheim dargestellt wird und dreihundert Jahre später auf der Rückseite von Münzen aus der Armorika auftaucht. Man findet auf den Münzen auch das Monstrum mit krummschnabeligem Greifenkopf und Schlangenkörper wieder, das seit dem 5. Jahrhundert zu seiten des Lebensbaumes auftaucht und später immer wieder paarweise den Schwertscheiden eingraviert wird. Auf der Rückseite eines Staters aus dem Westen Galliens ist es zusammen mit einer Stute, die ihr Fohlen säugt, und einer Art Blatt mit langem und welligem Stiel dargestellt, welches eine Stilisierung des Lebensbaums sein könnte. Auch der Greif, der in der latènischen Kunst seit dem 5. Jahrhundert oft erscheint, schmückt während der letzten Periode die Münzen des Westens ebenso wie die des Donaugebiets.

Man könnte dazu neigen, sein Wiederauftauchen nach fast zweihundertjähriger Abwesenheit mit der Erneuerung des mediterranen Einflusses zu erklären. Eine solche Hypothese kann nur schwer widerlegt werden, es bleibt aber zu zeigen, warum diese mögliche Anleihe den Greifen vor einem anderen Motiv vorgezogen hätte.

Der „Gott mit der Mistelkrone" der mythologischen Darstellungen aus dem Rheinland des 5. und 4. Jahrhunderts erscheint, wenigstens in seiner wohlbekannten Form, nicht auf den Münzen. Auf der Vorderseite einiger gallischer Münzen ist jedoch ein Pflanzenornament dargestellt, das die Kopfbedeckung oder sogar den gesamten dargestellten Kopf umschließt und vielleicht nicht nur eine dekorative Stilisierung der Haartracht ist. Es überragt nämlich bereits zu Beginn des 4. Jahrhunderts den Kopf, der an das untere Ende des Henkels des Kruges von Basse-Yutz gesetzt ist, auf denselben Platz, wo der Krug von Waldalgesheim den „Gott mit der Mistelkrone", flankiert von zwei Monstern mit Schlangenkörpern und Greifenkopf, trägt.

Der Widderkopf, der die Weinkrüge von Reinheim und Waldalgesheim sowie zahlreiche Fibeln des 5. und des beginnenden 4. Jahrhunderts schmückt, muß wahrscheinlich mit der übergroßen Schlange, die er ziert, in Verbindung gebracht werden, die auf der Vorderseite der keltischen Münzen vom oberen und mittleren Lauf der Donau sowie auf einigen gallischen Ausgaben dargestellt ist.

Übereinstimmungen dieser Art, die aufgrund der Vielschichtigkeit und Ursprünglichkeit des Gegenstands mehr oder weniger überzeugen, können zu Dutzenden aufgeführt werden. Man kann sie nur mit Hilfe eines gemeinsamen mythologischen Hintergrunds erklären, der sich seit dem 5. Jahrhundert vollständig herausgebildet hatte und in der Gesamtheit der keltischen Länder ohne große Veränderungen oder regionale Unterschiede bis zum Ende der latènischen Periode fortbestand. Unglücklicherweise ist uns keine jener Mythen, die mit diesen Darstellungen von Göttern oder Monstern verknüpft waren und wahrscheinlich die wesentlichen Aspekte der keltischen Lehre von Mensch und Universum zusammenfaßten, überliefert worden.

Sicher kann man Übereinstimmungen zwischen dem Darstellungsreichtum der La-Tène-Kunst und den Legenden aufdecken, welche die Mönche des irischen Mittelalters aufzeichneten. Der mythologische Hintergrund eines Teils dieser Erzählungen kann ja nur schwer angezweifelt werden. Es ist jedoch unwahrscheinlich, daß sie das treue Abbild der Mythologie der kontinentalen Kelten darstellen. Neben oft überzeugenden Übereinstimmungen, welche zahlreiche Fachleute aufgezeigt haben, gibt es sogar in noch größerer Zahl auch beträchtliche Unterschiede, die, wenigstens dem Anschein nach, nicht zu verringern sind. Es genügt hierzu, die wesentliche Rolle zu erwähnen, welche die Fabeltiere in der kontinentalen Mythologie spielen, im Gegensatz zu dem, was uns die irischen Schriften enthüllen.

Die Bestandsaufnahme und die Untersuchung dieser Unterschiede sind unerläßliche Voraussetzungen, wenn man die Beziehungen zwischen den irischen Erzählungen und den Elementen der kontinentalen Mythologie, die uns dank der plastischen Werke erhalten sind, ergründen will. Ohne eine solche Bilanz werden die Versuche, die beiden Systeme zur Deckung zu bringen, ebenso utopisch bleiben, wie es die Rekonstruktion der Geschichte Alexanders aus dem Vergleich der hellenistischen darstellenden Kunst mit den mittelalterlichen Alexanderepen wäre.

Der Kessel von Gundestrup

Trotzdem wurde anhand eines außergewöhnlichen Dokuments, auf dem viele Figuren der kontinentalkeltischen Mythologie abgebildet sind, die Rekonstruktion der keltischen Götter- und Mythenwelt versucht. Es handelt sich dabei um dreizehn teilweise vergoldete Silberplatten, die ursprünglich an einem Becken aus demselben Material angebracht waren, das im letzten Jahrhundert in Gundestrup im Norden Jütlands entdeckt wurde.

Die Platten waren von ihrem Untergrund entfernt worden und in einem Torfmoor versenkt, zweifellos als Opfergabe oder als Sühneopfer, wie es auch bei anderen gleichgelagerten Funden der Fall ist. Über die Herkunft und das Alter dieser bemerkenswerten Stücke wurden die verschiedensten Hypothesen aufgestellt. Der einzige unbestrittene Punkt war zu jeder Zeit die deutlich keltische Natur einiger Darstellungen, welche die Platten schmücken: Krieger mit Helmen, die Aufsätze in Form von Tieren oder von Hörnern tragen. *Carnyx*-Fanfaren – charakteristische Kriegshörner mit Schalltrichtern in Form eines Wildschweinkopfes –, ein Gott mit Hirschgeweih, eine Schlange mit Widderkopf und Halsringe bei den wichtigsten Personen.

Neuere Fortschritte beim Studium der Kunst der Ostkelten haben die Hypothese, der Kessel stamme aus dem Westen, endgültig widerlegt. Er wurde im Lauf der ersten Jahrzehnte des 1. vorchristlichen Jahrhunderts von Künstlern gestaltet, die im pontischen Gebiet irgendwo an der Grenze des Königreichs des Mithridates oder ebendortselbst ausgebildet worden waren. Unter diesen Umständen überrascht es nicht, daß zwischen den göttlichen Gehilfen einigermaßen treu wiedergegebene Elefanten auftauchen und daß man gewisse Ähnlichkeiten mit dem Mithraskult feststellen kann. Die auffallendste ist die Art der Zusammenstellung auf der mittleren Platte: Der Stier, der auf der Stirn eine Rosette trägt, liegt auf der Seite und kehrt den Rücken einer wahrscheinlich weiblichen Person zu, die ein Schwert schwingt; er ist von drei Vierbeinern umgeben, von denen einer zusammengerollt zu sein scheint; vom Stierkörper gehen Ranken aus, die den Eindruck einer Verwandlung der Lebenskraft, die mit dem Blut den Körper des geweihten Tieres verläßt, in eine Pflanze erweckt. Man darf also die Zugehörigkeit aller Platten zu einem keltischen mythologischen Zusammenhang nicht als gesichert betrachten. Diese Platte könnte der Ausdruck einer Art keltisch-orientalischen religiösen Verschmelzung sein, wie sie wahrscheinlich bei den Völkern zu finden war, die in direktem Kontakt mit der griechisch-hellenistischen Welt lebten. Dies waren die Galater Kleinasiens und die am weitesten vorgedrungenen keltischen Gruppen aus dem Donaugebiet. Die Anfügung ursprünglich keltischer oder besser La-Tène-Traditionen an Elemente der ansässigen Kulturen oder hellenistischer Strömungen kann auch auf anderen Gebieten beobachtet werden: in der Kunst, in den Schmuck- und Keramikformen, in der Bekleidung und in den Begräbnisbräuchen und noch auf etlichen anderen mehr.

Es wird noch lange Zeit Gegenstand leidenschaftlicher Kontroversen sein, ob die Darstellungen auf dem Kessel von Gundestrup nun vollständig oder nur teilweise keltisch sind. Eines scheint jedoch sicher: Nicht nur durch seine Ausführung, sondern auch durch seine beschreibende und erzählende Natur, die sich gerade auf den Platten mit unbestreitbar keltischem Gehalt zeigt, ist dieses Werk für die letzte Periode der keltischen La-Tène-Kunst ein Fremdkörper. Diese Fremdartigkeit rührt wohl von der Ausbildung des Ausführenden her, aber sie ist kein Beweis dafür, daß der Kessel außerhalb der keltischen Gebiete hergestellt wurde. In der Tat kann man nämlich auf den Prägebildern, welche die Vierdrachmenstücke der Bojer in Pannonien schmückten, vergleichbare Erscheinungen feststellen, was deutlich auf ein Eindringen eines bis dahin unbekannten plastischen Stils in die keltische Welt hinweist. Diese Feststellung ist um so interessanter, als zur gleichen Zeit Münzen desselben Volkes eine echte La-Tène-Tradition fortsetzen. In Gallien spielt sich zu diesem Zeitpunkt dasselbe ab, wo nämlich neben römisch inspirierten Ausgaben auch Münzen geprägt werden, die zu den typischsten Schöpfungen der gallischen Münzkunst gehören.

Der Niedergang der Kelten auf dem Kontinent

Diese Offenheit der keltischen Welt für eine plastische Ausdrucksweise, die ihr zutiefst fremd ist, stellt ein besonders deutliches Zeichen dar: Es weist auf eine sehr klare Verringerung der traditionellen Fähigkeit zur Aneignung und Umformung äußerer Einflüsse hin, eine der Hauptgrundlagen der kulturellen Eigenständigkeit und Dynamik der keltischen Völker. Die keltische Welt hat zu Beginn des 1. Jahrhunderts einen bis dahin unbekannten Wohlstand erreicht. Ihre territoriale Ausdehnung wurde durch den Verlust der *Gallia cisalpina* und der *Gallia Narbonensis* kaum verringert, aber sie scheint von einer unsichtbar wuchernden Krankheit befallen zu sein, die sie in zunehmendem Maße ihrer Verteidigungsfähigkeit beraubt. Aus den verfügbaren Quellen lassen sich die genauen Ursachen der inneren Krise, welche die lebensnotwendigen Gesellschaftsorgane der keltischen Oppida heimsucht, schwer bestimmen. Es ist vielleicht bezeichnend, daß die Völker, die scheinbar zuerst betroffen sind – besonders die Häduer und die pannonischen Bojer –, auch jene sind, deren Wirtschaft und Handelsgeschäfte sich besonders hoch entwickelt hatten. Es wäre daher einleuchtend, daß eine der Hauptursachen für diese Lage der Dinge das wachsende Ungleichgewicht zwischen der gesellschaftlichen Wirklichkeit, die sich infolge dieses Aufschwungs eingestellt hatte, und den vorgegebenen Strukturen gewesen sein könnte, zu deren Anpassung an die neuen Bedingungen das oligarchische System – das ja gerade zur Aufrechterhaltung des Status quo eingesetzt worden war – nicht fähig war. Der Gegensatz zwischen dem, was „die Volks- und Nationalpartei" des Dumnorix hätte genannt werden können, und dem „Senat" von Bibracte könnte als politische Konsequenz dieser Spannungen unter den Häduern gedeutet werden. Die Krise hätte durch eine entscheidende Auseinandersetzung bewältigt werden können, die den Weg zu einem neuen Abschnitt in der Entwicklung der keltischen Gesellschaft geebnet hätte, wenn diese vorübergehende Schwäche die keltische Welt nicht zur leichten Beute gemacht hätte.

Cäsar benutzt mit bemerkenswertem Sinn für die Gelegenheit die Auseinandersetzungen zwischen Parteien und Völkern in Gallien, um in einigen Jahren die Besitzungen Roms nördlich der Alpen zu vervierfachen. Am anderen Ende des keltischen Europa treffen zur gleichen Zeit die Daker des Burebistas vernichtend die mächtigen Bojer Pannoniens, welche die strategische Verbindung der Mitte mit dem Donaugebiet gesichert hatten. Der Zerfall der keltischen Gebiete setzt sich auf dem rechten Ufer der Donau fort, auf dem römische Legionen rasch eine neue Grenze ziehen: Seit dem Beginn des letzten Jahrzehnts v. Chr., von wo an Rhein und Donau die Grenzen des römischen Reiches in Mitteleuropa bildeten, ist das eine vollendete Tatsache.

Nun treten die Germanen, die schon während der ersten Hälfte des Jahrhunderts durch das Rheintal nach Gallien eingedrungen waren, auf den Plan. Eine der letzten Bastionen keltischer Macht – das *Boiohaemum* der lateinischen Autoren, das heutige Böhmen – wird in den Jahren 9 bis 6 v. Chr. von den Markomannen unter der Führung von Marbod besetzt.

Die großen Oppida des Landes sind zerstört. Die zahlreichen Importgegenstände aus Augusteischer Zeit, die sich in den ältesten Gräbern der germanischen Nekropolen dieses Gebiets finden, lassen die Frage aufkommen, ob sie nicht eher von der Plünderung reicher keltischer Siedlungen als aus umgehend errichteten Handelsbeziehungen mit Rom stammen.

Unfähig, ihre Gegensätze zu überwinden und dem Übel entgegenzutreten, erleben die keltischen Völker, die durch den unerbittlichen Vormarsch römischer Armeen und die ungestümen Vorstöße der neuen Barbaren in die Enge getrieben sind, in kaum einem halben Jahrhundert den völligen Zusammenbruch ihrer Macht vom Ozean bis zu den Karpaten.

Von nun an wird die Geschichte der Kelten auf dem Kontinent zur Anpassung an eine fremde Zivilisation. Sie wissen sie aber derart zu bereichern und zu verändern, daß sie Grundlage einer neuen Blüte wird. Deren Urheber werden dann nur noch eine vage Erinnerung an die Vorfahren behalten, die eine von der ihren so verschiedene Sprache hatten.

6.

Die heidnischen Kelten der britannischen Inseln

„Das Innere Britanniens wird von Leuten bewohnt, die sich nach einer mündlichen Überlieferung als Ureinwohner bezeichnen; an der Küste leben Völker, die aus Belgien gekommen waren, um zu plündern und Krieg zu führen (fast alle tragen die Namen der Stämme, aus denen sie kommen); diese Leute blieben nach dem Krieg im Land und besiedelten es."

Cäsar, Der Gallische Krieg V, 12

Die Kelten der Inseln sind sowohl hinsichtlich ihrer geographischen Lage auf den westlichen Ausläufern Europas als auch hinsichtlich ihres Fortbestands die letzten Kelten des Westens. Sie haben ein sprachliches Erbe bewahrt und fortbestehen lassen, das auf dem Kontinent fast spurlos verschwunden ist. Ohne sie wären von den keltischen Sprachen nur einige mehr oder weniger unverständliche Fetzen übriggeblieben. Die bemerkenswerte Lebenskraft der britischen und gälischen Völker wurde zweifellos durch das Inseldasein begünstigt und erlaubt zudem die Annahme einer tiefen und weit zurückliegenden Verwurzelung in Britannien und Irland. Als Cäsar die große Insel betrat, traf er an ihrer Küste Völker an, deren Herkunft aus dem Norden Galliens noch frisch in Erinnerung war. Da diese nicht allein für das Ausmaß des Keltentums auf den Inseln verantwortlich sein können, ist natürlich der restliche Teil der Bevölkerung, der nach eigener Überlieferung die Insel schon seit unvordenklichen Zeiten bewohnte, der Grund dafür.

Die geschichtlichen Quellen liefern leider kaum brauchbare Informationen über die davorliegenden Zeiträume. Pytheas aus Massalia, der im Verlauf der zweiten Hälfte des 4. vorchristlichen Jahrhunderts diese Gegend bereiste, bezeichnet die Inseln *Albion* und *Ierne* (Irland) mit dem Adjektiv britannisch (*prettanikai*), was auf ein gewisses keltisches Übergewicht ab diesem Zeitpunkt hinzuweisen scheint.

Zwar erlauben die archäologischen Funde, die Besiedlung der Insel bis zu den ältesten Zeitabschnitten zurückzuverfolgen, die ethnische Deutung der verschiedenen Kulturen kommt aber aus dem Stadium der Hypothese nur schwer heraus. Es ist sehr wahrscheinlich, daß die Urbevölkerung dieser Gebiete nicht indoeuropäischen Ursprungs war, was gleichermaßen auf die gesamte Atlantikküste von Spanien bis zur Armorika und zu den Inseln zutrifft.

Hier entwickelt sich seit dem 5. Jahrtausend eine eigene, von den Zivilisationen Innereuropas deutlich unterschiedene kulturelle Gemeinschaft. Ihre sichtbarste Hinterlassenschaft sind die Megalithbauten, die bis zum Auftauchen des Metalls in der Mitte des 3. Jahrtausends aufgeführt werden. Zu dieser Zeit, so scheint es, haben sich die ersten großen Völkerwanderungen abgespielt, die gleichzeitig Innereuropa und die Inseln berühren. Möglicherweise haben sie indoeuropäische Elemente mit sich geführt – es gibt jedoch keinen überzeugenden Beweis dafür.. Damals bildete sich wahrscheinlich die keltische Ursubstanz der Inselbevölkerung, die bis zur Zeit Cäsars durch immer neue Einwanderungswellen verstärkt wird.

Die Eingliederung örtlicher Elemente könnte gewisse Besonderheiten erklären, für die es auf dem Kontinent keine Entsprechungen gibt, sowie ihren offensichtlichen Fortbestand in der Bevölkerung. Die Herkunft der Einwanderer ist ebenso schwierig zu bestimmen, wie man die Ereignisse auf ihrer Wanderung rekonstruieren kann. Über die Gründe für das Interesse, das diese aus dem Inneren Europas stam-

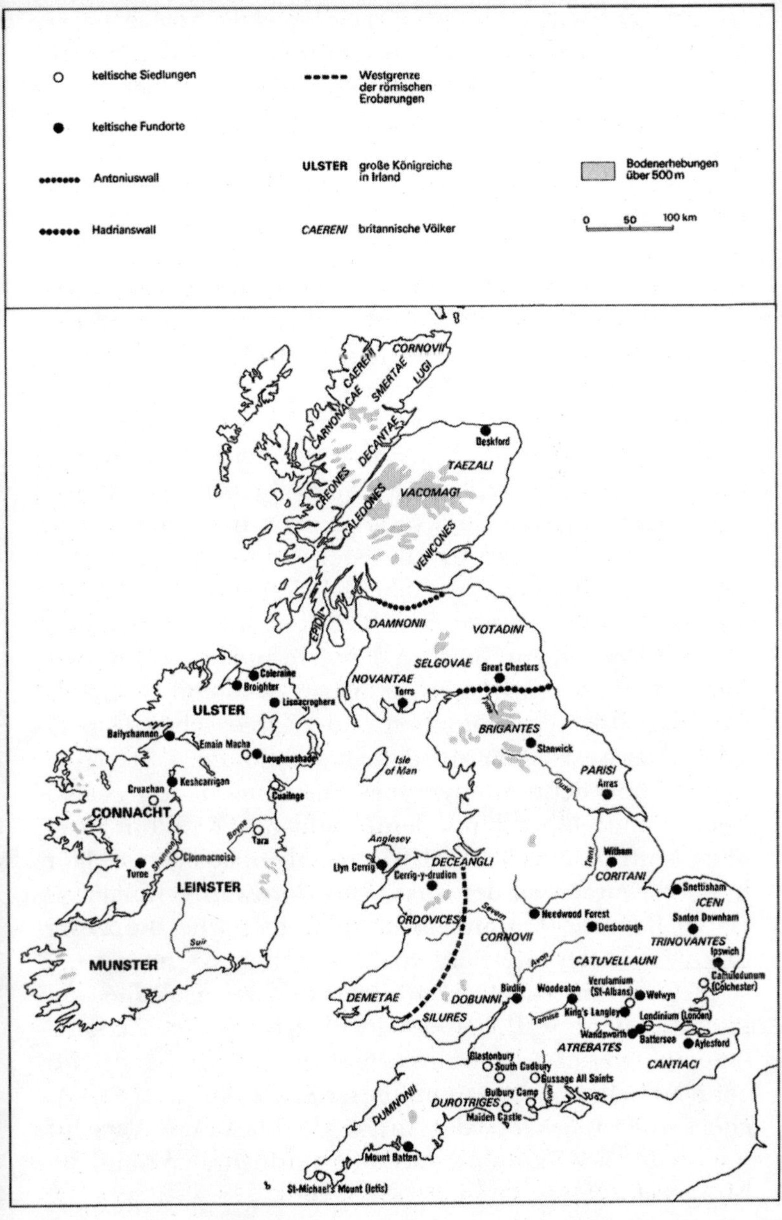
keltische Siedlungen
keltische Fundorte
Antoniuswall
Hadrianswall
Westgrenze der römischen Eroberungen
ULSTER große Königreiche in Irland
CAERENI britannische Völker
Bodenerhebungen über 500 m
0 50 100 km
CORNOVII
CAERENI
CARNONACAE
SMERTAE
LUGI
DECANTAE
CREONES
CALEDONES
VACOMAGI
TAEZALI
Deskford
VENICONES
EPIDII
DAMNONII
VOTADINI
SELGOVAE
NOVANTAE
Great Chesters
Torrs
BRIGANTES
Stanwick
Isle of Man
PARISI
Arras
Ouse
Trent
Witham
CORITANI
Anglesey
Llyn Cerrig
DECEANGLI
Cerrig-y-drudion
ORDOVICES
Severn
Needwood Forest
Desborough
CORNOVII
Snettisham
ICENI
Santon Downham
TRINOVANTES
Ipswich
Camulodunum (Colchester)
CATUVELLAUNI
Avon
Verulamium (St-Albans)
Welwyn
Birdlip
Woodeaton
DEMETAE
DOBUNNI
SILURES
Tamise
King's Langley
Londinium (London)
Wandsworth
Battersea
Aylesford
ATREBATES
CANTIACI
Glastonbury
South Cadbury
Bussage All Saints
Bulbury Camp
DUMNONII
DUROTRIGES
Maiden Castle
Mount Batten
St-Michael's Mount (Ictis)
Coleraine
Broighter
Lisnacroghera
ULSTER
Ballyshannon
Emain Macha
Loughnashade
Keshcarrigan
Cruachan
Cuailnge
CONNACHT
Boyne
Tara
Shannon
Clonmacnoise
Turoe
LEINSTER
Suir
MUNSTER

menden Gruppen den Inseln im Ozean eher entgegenbrachten als anderen Gebieten – es waren Hirten, Bauern und Krieger, also der Seefahrt unkundig –, läßt sich noch nichts sagen, ohne sich ins Reich der Spekulation zu begeben.

Der Zinnhandel

Vielleicht hat die wachsende Bedeutung britannischer Zinnerze in der kontinentalen Wirtschaft etwas damit zu tun. Zu den Gründen für das Vordringen von Griechen und Phöniziern in das westliche Mittelmeer gehört in der Tat auch die Hoffnung, die Versorgung der Bronzeindustrie mit diesem unersetzlichen Rohstoff zu sichern. Auf den Seewegen, die seit der Steinzeit den Süden Britanniens mit verschiedenen Punkten auf dem Kontinent (in Spanien, in der Armorika und an der Kanalküste) verbinden, entwickelt sich ein regelmäßiger Verkehr. Die Zinnstraßen, die seit dem 5. Jahrhundert von verschiedenen Autoren beschrieben worden sind, mußten seit dem Jahrhundert davor einen spürbaren Aufschwung erlebt haben, während jener Zeit nämlich, als die griechischen und karthagischen Handelsplätze im westlichen Mittelmeer aufblühten.

Es gibt bis heute wenige, aber aufschlußreiche archäologische Funde, die sich mit dem Zinnhandel direkt in Beziehung bringen lassen. Keltiberische Fibeln aus dem 5. Jahrhundert wurden an der Küste von Cornwall gefunden, in Halyn Bay und Mount Batten, eine iberische Bronzestatuette am Ufer des Servern nahe seiner Mündung und schließlich ein Schatz von Silbermünzen im Gebiet von Penzance (Cornwall), der den Insubrern oder den Zenomanen südlich der Alpen zugeschrieben werden kann. Nun befindet sich aber genau an dieser Stelle die Insel St. Michel's Mount, das *Ictis* der Antike, der Markt und Verschiffungshafen des Zinns also, den die kontinentalen Kaufleute benutzten.

Wahrscheinlich muß man diesen Handelsbeziehungen auch die Einführung von Ziergegenständen (und der entsprechenden Moden) zuschreiben, wie sie in der Armorika im latènischen 4. und 5. Jahrhundert üblich waren. Hauptsächlich waren das südwestliche Britannien und die benachbarte Küste von Wales an diesem Handel beteiligt, einige Gegenstände und folglich auch gewisse Einflüsse aber drangen, vielleicht über den Seeweg, noch viel weiter vor. In Cerrig-y-drudion nahe der Irischen See wurde eine Hängeschale aus Bronze mit fein graviertem Dekor entdeckt, die wahrscheinlich in der Armorika hergestellt oder zumindest von einem Handwerker verziert worden war, der sich während seiner Ausbildung den typischen Stil dieser Gegend angeeignet hatte.

Die Importe aus dem Mittelmeerraum wurden in vorrömischer Zeit erst ab dem Ende des 2. Jahrhunderts einigermaßen umfangreich. Es waren hauptsächlich Amphoren, was auf einen Weinhandel von gewissem Umfang hinweist. Die einzige davon berührte Region ist wiederum die Südküste Britanniens mit Verdichtungen in der Umgebung von Bournemouth und von Mount Batten. Der Eisenanker, der nahe einer Verschanzung aus der Eisenzeit im Osten von Bournemouth gefunden wurde, ist ein sprechendes Zeugnis für die Verbindungen der Küstenniederlassungen mit der Seefahrt.

Die zusammenfassende Bilanz der Überreste und der Erscheinungen, die mit dem Zinnhandel in Verbindung gebracht werden können, zeigt deutlich, daß sich dieser bis zum 1. Jahrhundert ausschließlich durch die Vermittlung der auf dem Kontinent ansässigen Völker abwickelte und daß die Armorikaner auf dem ersten Teil des Wegs eine besonders aktive Rolle spielten. Die Seemacht der Veneter (eines gallischen Volkes in der Umgebung des heutigen Vannes an der bretonischen Atlantikküste), welche durch die römische Eroberung unter Cäsar vernichtet wurde, gründete sich unbestreitbar auf diesen Handel mit Zinn.

Die hauptsächlichen Nutznießer dieses Handels waren letztlich die Völker Galliens, welche die Beförderung der Waren nach den Handelsplätzen am Mittelmeer sicherstellten. Die wirtschaftliche und politische Geographie dieses Landes wurde davon zweifellos stark beeinflußt. Die Errichtung von Ausweichstrecken oder Änderungen der traditionellen Routen liefern in der Tat die plausibelste Erklärung für den plötzlichen Reichtum einiger Völker oder dessen fast ebenso schnellen Rückgang, den man in einigen anderen Fällen beobachten kann.

Die augenscheinlichste Folge des Zinnhandels ist daher der seit dem 5. Jahrhundert ununterbrochene Zustrom von latènischen Handwerkserzeugnissen, die charakteristisch für die westlichen Gebiete sind. Sie gelangen von da an auch in weiter nördlich liegende Gebiete, jedoch anscheinend nicht bis nach Irland. Man kann also sicher annehmen, daß die Handelsbeziehungen eine sehr bedeutende Rolle bei der Entstehung der La-Tène-Kulturen der jüngeren Eisenzeit in Britannien gespielt haben.

Marner und Belger in Britannien

Diese Art von Kontakten liefert jedoch keine überzeugende Erklärung für alle Verwandtschaften, die man anhand der Fundstücke zwischen den Inseln und dem Kontinent beobachten kann. Einige Phänomene scheinen sich in der Tat besser mit der Hypothese einer Einwanderung mittelgroßer Volksgruppen zu vertragen. Eine solche Deutung würde das Auftauchen einer Reihe von Gegenständen und Formen im Hinterland – besonders in Oxfordshire und Umgebung – erklären, die charakteristisch für das Marnegebiet in der zweiten Hälfte des 5. Jahrhunderts sind. Die überzeugendsten Stücke sind Dolche mit Bronzescheiden, die in der Themse (London, Battersea und Hammersmith sowie in Minster Ditch nahe Oxford) gefunden wurden, und Fibeln, von denen einige zweifellos in denselben Werkstätten hergestellt worden sind wie jene aus dem Marnegebiet. Dies zeigt sich besonders an einer Fibel mit scheibenförmigem Fuß und einem aus einer Folge von einfachen S-Haken bestehenden eingravierten Dekor, die in Wood Eaton entdeckt wurde.

Die geringe zeitliche Streuung dieser Gegenstände, ihre Ansammlung in einem Gebiet, das vollkommen abseits vom Verkehr zwischen dem Kontinent und den Zinn liefernden Gebieten zu liegen scheint, sowie das Fehlen ähnlicher Funde in den dazwischen liegenden Gebieten vertragen sich, wenigstens dem Anschein nach, eher mit der Hypothese einer Einwanderung als mit der einer Einfuhr von Luxusartikeln. Dies wird jedoch nur durch neue Entdeckungen und die Untersuchung ihres Umfelds bestätigt werden können.

Das Einsickern kontinentaler Gruppen einer gewissen Größe ist im östlichen Yorkshire offensichtlicher. Hier kommen zu den Fundstücken Informationen hinzu, die wir aus zahlreichen Gräbern gewinnen, die besonders in der Gegen von *Arras* entdeckt wurden, nach dem auch der entsprechende Abschnitt der jüngeren Eisenzeit in Britannien benannt wird. Die ursprünglichen Merkmale dieser Gruppe zeigen sich besonders deutlich auf dem Gebiet der Begräbnisriten. Ihre hervorstechendsten Merkmale sind die Beigabe zerlegter Kampfwagen in einigen Gräbern sowie manchmal ein Graben im Viereck um das Grab. Diese beiden Bräuche haben Entsprechungen im Marnegebiet und scheinen für einen Auszug aus diesem Gebiet gegen Anfang des 4. Jahrhunderts zu sprechen, zu einer Zeit also, als der Brauch der Wagenbegräbnisse genau auf seinem Höhepunkt angelangt war. Diese Hypothese wäre um so bestechender, als der Fortbestand der Bevölkerung in diesem Teil Yorkshires bis in die römische Zeit hinein gestatten würde, diese Gruppe mit dem Stamm der *Parisii* zu identifizieren, der im 2. Jahrhundert unserer Zeitrechnung von dem Geographen Claudius Ptolemäus erwähnt wird. Das gleichnamige

Volk in Gallien, nahe des Marnegebiets, das Paris seinen Namen geben wird, würde die geographische Herkunft der Gruppe bestätigen.

Dennoch ergibt eine kritische Überprüfung dieser Hypothese, besonders im Hinblick auf die Fortschritte im Studium des Marnegebiets und seiner Beziehungen zu anderen Regionen, daß an ihr einige Veränderungen vorgenommen werden müssen. Fachleute hatten schon auf einen Unterschied zwischen dem typischen Wagenbegräbnis des Marnegebiets – das Fahrzeug wird als ganzes in einer eigens angelegten Grube deponiert und die sterbliche Hülle auf seine Pritsche gelegt – und den Gräbern von Yorkshire aufmerksam gemacht, wo der zerlegte Wagen neben dem Verstorbenen begraben wird. Die viereckigen Einfriedungen tauchen im Marnegebiet erst verhältnismäßig spät auf, während der ersten Hälfte des 3. Jahrhunderts, zur gleichen Zeit wie andere Veränderungen in den Begräbnisriten. Gegenstände, die unbestreitbar aus dem Donaugebiet stammen, zeigen die Ankunft neuer Völker, der Belger, im nördlichen Gallien zu dieser Zeit an, aus der sich die Umwälzung der örtlichen Traditionen erklärt. Die Wagenbegräbnisse des Marne-Typs und die Viereck-Gräben gehören also zu zwei aufeinanderfolgenden und wohlunterschiedenen Zeitabschnitten der jüngeren Eisenzeit im nördlichen Gallien, und ihr Auftauchen in Britannien könnte daher nicht das Ergebnis einer einzigen Wanderbewegung sein. Diese Feststellung erklärt die Andersartigkeit der Wagengräber von Yorkshire, die deutlich jüngeren Datums sind als die vom Marne-Typ und somit einer veränderten, wenn nicht anderen Tradition angehören. Die Untersuchung des Materials scheint die spätere Datierung zu bestätigen. Solche Gegenstände, die hinreichend genaue Gegenstücke auf dem Kontinent besitzen, tauchen nicht früher als zu Beginn des 3. Jahrhunderts auf. Eine letzte wichtige Tatsache: Die größte Zahl der Vergleichsstücke findet sich nicht in Gallien, sondern im Donaugebiet.

Diese Betrachtungen führen zur Annahme, daß die Einwanderung der *Parisii* nach Yorkshire einen westlichen Ausläufer der Bewegungen darstellte, durch die während der ersten Hälfte des 3. Jahrhunderts keltische Gruppen, die aus dem Donaugebiet stammten oder sich dort gebildet hatten, ins nördliche Gallien geführt wurden. Sie sind unter dem Stammesnamen Belger bekannt geworden.

Auch in anderen Gebieten Britanniens wurden Gegenstände mit Anklängen an die entsprechenden Muster aus dem Donaugebiet gefunden. Die Fibel mit Scheibenfuß und breitem verziertem Bügel von Maiden Castle – Hauptfestung der *Durotriger* im heutigen Dorset – weist Ähnlichkeiten mit einigen Fibeln des beginnenden 3. Jahrhunderts aus Mähren und aus dem westlichen Teil des Karpatenbeckens auf. Ebenso wie in anderen vergleichbaren Fällen erlaubt ihr vereinzeltes Auftauchen im örtlichen Milieu nicht, die Möglichkeit ins Auge zu fassen, daß ihre Einführung von einem bedeutenden Zustrom an Menschen begleitet gewesen wäre. Es scheint jedoch eine gesicherte Tatsache zu sein, daß belgische Elemente in großem Maßstab nach Britannien eingedrungen sind, was ausdrücklich von Cäsar bestätigt wird.

Die Unmöglichkeit, den Zeitpunkt der Ankunft der *Atrebaten* anzugeben – ein gleichnamiger Stamm gab dem französischen Artois seinen Namen –, die sich zwischen dem mittleren Lauf der Themse und der Küste niederließen, ist wahrscheinlich ebenso der Anpassungsbereitschaft gegenüber der ansässigen Bevölkerung zuzuschreiben wie der mangelhafte archäologischen Dokumentation.

Die britannische Kunst

Die drei Hauptgrundlagen für die Entwicklung der britannischen Kulturen der jüngeren Eisenzeit sind die bereits ansässige Bevölkerung, die wenigstens teilweise während der

Bronzezeit keltisiert worden war, die in der Zwischenzeit dank des Zinns besonders intensiv gewordenen Handelsbeziehungen mit einigen Gebieten des Kontinents und schließlich die Einwanderung von kontinentalen Gruppen in aufeinanderfolgenden Wellen, die kulturelle Elemente aus verschiedenen Schichten der La-Tène-Zivilisation mit sich führen. Die je nach geographischem Ort und Zeitraum sich ändernde Bedeutung dieser Grundlagen sowie die Sprunghaftigkeit der äußeren Einflüsse infolge der Einwanderungswellen erklären die Vielfalt und die Eigenständigkeit der britannischen Kulturen, die sich besonders auf künstlerischem Gebiet zeigt.

Die Bronzeplatte auf einer Dolchscheide, die in Wisbech im Norden von Cambridgeshire entdeckt wurde, wird als das älteste britannische Stück von einiger Bedeutung angesehen. Bei ihr ist ein geringfügig vereinfachtes Schmuckmuster armorikanischer Art auf eine Platte aufgebracht, wie es für die Dolchscheiden des Marnegebiets charakteristisch ist. Die Form der Platte gehört noch zum 5. Jahrhundert, aber das Dekor stammt bereits aus dem 4. Jahrhundert. Dies ist vielleicht das erste Mal, daß sich ein überspitzter Konservatismus und Zugeständnisse an die Mode mischen, was eines der verwirrenden Charakteristika der Erzeugnisse der Inseln werden wird.

Die zweite Scheide, die zum 4. Jahrhundert zu gehören scheint, wurde in Standlake in der Umgebung von Oxford gefunden und weist im Vergleich mit den entsprechenden Erzeugnissen des Kontinents eine solche Eigenständigkeit auf, daß man vermuten kann, sie sei hier hergestellt worden. Die Verzierung, die in flachem Relief ausgeführt ist, befindet sich auf zwei Bronzeplatten, deren eine – so wie auch bei einigen Scheiden des Marnegebiets – nahe der Öffnung, die andere an der Spitze angebracht ist. Das Motiv der oberen Platte – eine im La-Tène-Stil stilisierte Palmette – findet ebenfalls exakte Analogien im Marnegebiet: Es handelt sich um eine Dolchscheide aus Bouy, die sich auf die

Mitte des 5. Jahrhunderts datieren läßt. Die untere Platte ist noch interessanter, weil sie eine Ansammlung von Ranken trägt, die absolut charakteristisch für die keltisch-italische Kunst ist. Dasselbe Motiv findet sich auf dem Helm von Amfreville, der Scheide von Moscano di Fabriano, den Trinkhörnern von Waldalgesheim, den zwei Halsreifen aus dem Senonengebiet und dem entsprechenden Schmuck von San Polo d'Enza. Es handelt sich also um die westlichsten Spuren eines direkten Einflusses der keltisch-italischen Kunst. Die interessanteste Einzelheit der Scheide von Standlake ist jedoch die Technik, dic verwendet wurde, um die Verzierung zur Geltung zu bringen: Der Hintergrund, gegen den sich das flache Relief abhebt, ist mit Hilfe einer Art Linienverzierung mattiert, die von den britischen Fachleuten „basketry", also Korbflechterei, genannt wird. Die systematische Verwendung dieses dekorativen Elements, das auf dem Kontinent selten ist, wird von nun an der charakteristische Zug einer insularen Kunstrichtung, die ihren Höhepunkt gegen Ende des 1. vorchristlichen Jahrhunderts erlebt.

Die Stücke, die auf das 3. Jahrhundert zu datieren sind, weisen enge Beziehungen zu den Erzeugnissen der gleichen Zeit aus dem Donauraum auf, und ihr Auftauchen in Britannien muß sicherlich mit dem Einsickern belgischer Gruppen in Verbindung gebracht werden.

In Newnham, nahe Cambridge, enthielt das reich ausgestattete Grab eines Mannes unter anderem einen Armreif aus massiver Bronze, der auf den schrägen Flächen, die durch eine Art falscher Verwindung begrenzt werden, mit einfachen oder gepaarten Ranken geschmückt ist. Diese Art der Komposition, der Verschluß des Schmuckstücks und auch die Tatsache, daß es sich um den verzierten Armreif eines Mannes handelt, sind gewichtige Argumente dafür, daß er aus dem Donauraum stammt oder von dort her direkt inspiriert worden ist. Die für die Pflanzenornamentik des 4. Jahrhunderts charakteristischen Motive widersprechen in diesem Fall der Datierung (3. Jahrhundert) des Gegenstandes nicht, da diese Motive in dieser Region sehr viel länger verwendet wurden als anderswo. Die andere Stilrichtung, welche die Donaukelten des 3. Jahrhunderts mit einer gewissen Eigenständigkeit prägen, der plastische Stil, findet in Britannien einen bemerkenswerten Widerhall in der mittleren Verzierung eines Schildes, der in der Themse bei Wandsworth gefunden wurde. Der halbkugelförmige Schildbuckel (umbo) ist mit einem S-Haken geschmückt, dessen Enden in Vogelköpfe von kräftiger und ausdrucksvoller Darstellung auslaufen. Die Verzierung setzt sich entlang der Mittelachse nach beiden Seiten durch einen Steg fort, der sich an seinen Enden verbreitert und die sehr vereinfachte Form einer Maske annimmt. Ihre hervortretenden Augen werden von gegenläufigen Spiralen in stark erhabenem Relief gebildet. Es finden sich hier also dieselben Kompositionsregeln und der gleiche Umgang mit dem Räumlichen wieder, welche die Erzeugnisse aus dem Donauraum, besonders die Fußreifen, charakterisieren, aber dieses Mal ist die Herkunft des Stücks vom Fundort kaum zu bezweifeln. Tatsächlich finden sich an einigen Stellen überlagerte eingravierte Motive, die durch ihre geringe Größe kaum wahrnehmbar sind.

Der Brauch, eine Komposition mit Nebenmotiven auszuschmücken, die in sich geschlossen und sehr viel kleiner als das Hauptmotiv sind, ist eine der Besonderheiten der keltisch-italischen Kunst – Beispiele sind der Helm von Amfreville und die Schmuckbleche von Comacchio –, die aber auf dem Kontinent bald zugunsten einer weniger komplizierten und ausgewogeneren Konzeption aufgegeben wurde. Das Ganzen und die verschiedenen Teile der Verzierung können nunmehr im gleichen Maßstab wahrgenommen werden. Dies ist jedoch in der britannischen Kunst nicht immer der Fall, wo auf die Wahrnehmung des Ganzen, dessen Gliederung im allgemeinen durch ein stark erhabenes Relief zur Geltung gebracht wird, unter Umständen die unabhängige Erscheinung von meistens eingravierten oder in flachem Relief gehaltenen Nebenmotiven folgt. Diese stufenweise Gestaltung findet sich in besonders verfeinerter Weise auf dem Buckel eines Schildes, der ebenfalls in der Themse bei Wandsworth gefunden wurde. Einige Elemente der Hauptkomposition – beispielsweise die reliefartige Andeutung eines märchenhaften Vogels, die aus der teilweisen Verwandlung pflanzlicher Formen hervorgeht – werden in den verschiedenen Dekors der zweiten Stufe wiederholt, und das Ganze findet sich wiederum, mit merklichen Abänderungen, auf dem mittleren Buckel eingraviert. Dieses seltsame, ein wenig manierierte Meisterwerk stammt wahrscheinlich aus dem 1. Jahrhundert vor Christus.

In diese Zeit, die bis zur römischen Besetzung im Jahre 43 reicht, fällt die fruchtbarste Periode der britannischen Kunst. Die hervorstechendste Neuheit sind die zahlreichen Menschen- und Tierdarstellungen, die getrieben oder mit der verlorenen Form gegossen sind. Der Eimer von Aylesford ist ein besonders deutliches Zeugnis dieser Kunstströmung, die sich in den Werkstätten der kontinentalen Oppida entwickelt hatte. Diese Wertarbeit jedoch enthält nichts spezifisch Britannisches, und es ist daher wahrscheinlich, daß es sich um einen eingeführten Gegenstand handelt.

Die eigentliche Inselkunst ist mit einer Reihe von Gegenständen vertreten, die das Auslaufen der ursprünglichen Stilrichtungen kennzeichnen, wie es sich bereits auf Schöpfungen des 4. und 3. Jahrhunderts abzeichnet. Auf den prächtigen gravierten Bronzespiegeln wird aus dem Gegensatz zwischen dem Untergrund der „Korbflechterei" und dem glatten Dekor ein Spiel von Matten und glänzenden, mit dem Zirkel geschaffenen Formen. Man kann das Dekor vom Hintergrund, die freien von den verzierten Flächen nicht mehr unterscheiden. Der gleiche Sinn für Doppeldeutigkeit zeigt sich auf den emaillierten und auf den reliefgeschmückten Stücken. Auf diesen sind festumrissene große glatte Flächen – die häufigste Form sind Dreiecke mit gekrümmten Seiten – von Reliefs getrennt, die das Ergebnis der Aneinanderreihung kleiner unabhängiger Teile zu sein scheinen. Einige Schöpfungen, bei denen dieser Gegensatz besonders deutlich hervortritt – die Platte von Llyn Cerrig Bach, das Zaumgebiß von Ulceby und andere – erwecken den Eindruck ungeordneter Wucherungen, die sich durch die Spalten einer in regelmäßige Bruchstücke zerplatzten Hülle ihren Weg bahnen.

Nach der Besetzung Galliens und der daraus folgenden verstärkten Einfuhr von Erzeugnissen aus dem Mittelmeerraum auf die Insel findet sich der Einfluß der römischen Kunst der Verzierung in der Stilrichtung wieder, die sich seit den letzten Jahrzehnten vor Christus in der strengen Spiegelsymmetrie der Kompositionen niederschlägt, die bei den älteren Werken unbekannt ist. Die letzten Zeugnisse einer britannischen Kunst in der La-Tène-Tradition, die sich im Norden und Osten des Landes finden, stammen aus der Zeit nach der Mitte des 1. vorchristlichen Jahrhunderts und sind lediglich römischen Erzeugnissen nachempfunden, allerdings in oft meisterhafter Weise (Fibel von Great Chesters).

Die Werkstatt von Gussage all Saints

Im Gegensatz zum Kontinent, wo die Aktivität der Werkstätten, welche die verzierten Gegenstände herstellten, bis heute nur sehr bruchstückhaft bekannt ist – die Techniken, die sie verwendeten, und der Umfang ihrer Produktion können nur mit Hilfe indirekter Hinweise ermittelt werden –, wurde in Britannien Außergewöhnliches gefunden: Die Reste der Werkstatt eines Bronzegießers aus der zweiten Hälfte des 2. Jahrhunderts vor Christus wurde kürzlich bei der vollständigen Freilegung einer Wohnstätte auf dem Gebiet der *Durotriger* in Gussage all Saints in Dorset gefunden. Diese kleine Siedlung, die durch einen kreisförmigen Graben von ungefähr einhundertzwanzig Metern Durchmesser geschützt war, ist wahrscheinlich um die Mitte des 6. Jahrhunderts vor Christus gegründet worden und wurde einige Jahrzehnte vor der römischen Besetzung dieser Gegend (44) aufgegeben.

Ihre wesentlichen Wirtschaftszweige waren Landwirtschaft und Viehzucht. Die Einwohner bauten Weizen, Gerste, Hafer, Erbsen und Bohnen an und züchteten Rinder, Schafe, Ziegen und Schweine. Sie besaßen Hunde und Katzen und fingen wilde Ponys ein, aus denen sie die Dreijährigen heraussuchten und zähmten, um sie vor ihre Wagen zu spannen. Die Spuren handwerklicher Tätigkeiten sind, bis auf die Schmelzgrube eines Bronzegießers, der Ausrüstungsgegenstände für die Wagen und die Pferdegeschirre herstellte, weniger zahlreich. Er stellte Achsbolzen, Ringe für das Kummet und Zaumgebisse her und arbeitete mit der verlorenen Form. Dabei wird zunächst ein Wachsmodell hergestellt, auf das eine dicke Tonschicht aufgetragen wird. Dabei werden einige Löcher gelassen, damit beim anschließenden Erhitzen das Wachs austreten kann, das danach durch Bronze ersetzt wird. Nach Abkühlung wird die Form zerbrochen und das Werkstück anschließend überarbeitet und poliert. Gerade die Bruchstücke dieser Formen, die nur einmal verwendet wurden, finden sich hauptsächlich in dieser Schmelzgrube. Die Untersuchungen der fast zwei Zentner schweren Überreste ergibt, daß der Handwerker von Gussage all Saints schätzungsweise fünfzig Wagen ausgerüstet hat. Berücksichtigt man, daß er sicher nicht länger als einige Jahrzehnte tätig und daß die Siedlung nur von mittlerer Bedeutung war, so macht diese große Zahl die Aussage Cäsars glaubhaft, der die Zahl der Kampfwagen des von *Cassivellaunos* versammelten Heeres auf viertausend schätzt. Dieser war König der *Catuvellauni*, die nördlich der Themse saßen.

Die römische Besetzung der Insel

Die militärische Nutzung des Wagens, die auf dem Kontinent zu der Zeit aufgegeben wurde, als sich die Oppida entwickelten, ist ein Hinweis auf eine gewisse Rückständigkeit der britannischen Gesellschaft zur Zeit der Expeditionen Cäsars. Der wirtschaftliche Wandel, der durch die Benutzung von Münzen gekennzeichnet ist, erreicht erst im Laufe der zweiten Hälfte des 1. vorchristlichen Jahrhunderts ein gewisses Ausmaß. Man kann sich fragen, in welchem Maße die Tatsache, daß die Römer nach dem kurzen Gastspiel Cäsars für ein ganzes Jahrhundert Britannien seinem Schicksal überließen, darauf zurückzuführen ist, daß sie kaum Interesse an der Eroberung eines Landes hatten, dessen Strukturen so wenig an ihre Verwaltungsorganisation angepaßt waren. Die Römer eroberten in der Tat nur außerordentlich selten Gebiete, wo die Verstädterung noch nicht einmal eingesetzt hatte. Die Besetzung Britanniens ist in dieser Hinsicht beispielhaft. Auf die Entwicklung der Oppida und die damit zusammenhängenden Veränderungen im Südosten des Landes folgt der Feldzug des Jahres 43 und die Schaffung einer Provinz, deren westliche Grenze ungefähr der Linie von der Mündung des Severn bis zu jener des Humber im Norden von Lincolnshire entspricht.

Die römische Besitzergreifung spielt sich nicht ohne Rückschläge ab: Im Jahre 61 rufen die übermäßigen Forderungen der römischen Beamten die Erhebung der *Iceni* von Norfolk hervor, zur gleichen Zeit, als der Legat Suetonius Paulinus sich bemüht, das Zentrum der Druiden auf der Insel *Mona* (Anglesey) zu erobern. Unter Führung der Königin *Boudicca* nehmen die Aufständischen, denen sich noch Kontingente anderer Völker anschließen, die Kolonie von *Camulodunum* (Colchester) und die Städte *Londinium* (London) und *Verulamium* (Saint Albans) im Sturm, metzeln die römischen Garnisonen nieder, bringen der neunten

Legion eine Niederlage bei und werden erst durch die Armee des Suetonius aufgehalten, die sie schlägt.

Die römische Expansion spielt sich während der Regierung des Vespasian ab und erreicht ab dem Jahr 77 unter dem Befehl des Legaten Julius Agricola ein besonderes Ausmaß. Dessen Schwiegersohn, der Geschichtsschreiber Tacitus, hat uns eine ausführliche Beschreibung der Ereignisse hinterlassen: Nach einem Feldzug gegen die *Ordovices* im Norden von Wales zieht er die nördliche Grenze zwischen der Mündung des Clyde und dem Firth of Forth; er beabsichtigt sogar, nach Irland einzufallen, läßt eine Flotte Schottland umsegeln und dringt mit seiner Armee weiter nach Norden vor, wo er auf den Abhängen des *mons Graupius* (Grampian Mountains) gegen die verbündeten Kaledonier eine Niederlage erleidet.

Hier endet die römische Expansion: Die Völker auf den Bergen von Wales und im Norden Schottlands bleiben außerhalb des Weltreichs.

Das keltische Irland

Irland ist das einzige Land, das bis zum Mittelalter vollständig keltisch geblieben ist. Seltsamerweise ist aber gerade dort die Herkunft der keltisch sprechenden Bevölkerung am wenigsten geklärt. Nach einer Bronzezeit von großem Reichtum und bemerkenswerter Eigenständigkeit ist über den Zeitraum, welcher der kontinentalen Eisenzeit entspricht, nur wenig bekannt. Es gibt nur verhältnismäßig wenig Fundstücke aus dieser Zeit, und dazu kommt noch, daß sie in den meisten Fällen aus jedem Zusammenhang herausgerissen und somit nur schwer zu datieren sind.

Dennoch muß sich die Einwanderung der gälischen Völker, welche die Insel beherrschten, nach der wahrscheinlichsten Hypothese vor diesem Zeitraum abgespielt haben, vielleicht schon vom 3. Jahrtausend v. Chr. an. Ihre Sprache, die sich von der Britanniens sehr wohl unterscheidet, scheint direkt vom Kontinent zu stammen. Dennoch gibt es keinen Hinweis auf ihren Herkunftsort oder den Zeitpunkt und die Umstände ihrer Wanderung.

Dank einiger aufschlußreicher Stücke, die in Irland gefunden wurden, ist die Einführung von La-Tène-Elementen, die für die Entstehung einer echt irischen keltischen Kunst bestimmend waren, ein wenig besser bekannt. Eines der bekanntesten Denkmäler der vorchristlichen Zeit ist der behauene Stein, der in Turoe bei der Bucht von Galway erhalten geblieben ist. Er zieht seit dem Beginn des 20. Jahrhunderts die Aufmerksamkeit zahlreicher Fachleute auf sich, von denen ihn einige einem direkten Einfluß aus der Armorika zuschreiben. Seine Form sowie die Anlage und die Eigenart seiner Verzierung, die in flachem Relief eingegraben wurde, erinnern in der Tat an die dort entdeckten Steinsäulen. Ein Band aus rechtwinkligen Elementen – eine Abwandlung des Mäanders – bildet die Grenze zwischen dem unteren Teil, einem glatten Zylinder, und der fast halbkugelförmigen Spitze, die vollständig von einem Netz krummliniger Ranken-Motive überzogen ist. Vor kurzem hat die genaue Untersuchung der komplizierten Verzierungen deren Verwandtschaft mit der britannischen Kunst des 1. vorchristlichen Jahrhunderts absolut überzeugend bewiesen. Man findet bei ihnen nämlich dieselbe charakteristische Beziehung zwischen den Reliefteilen. Die Verknüpfung sehr verschiedener krummliniger Rankenelemente mit dem Hintergrund, der in große regelmäßige Flächen aufgeteilt ist – die hier von sekundären Motiven überlagert sind, die sie weniger deutlich hervortreten lassen –, ist die gleiche wie auf den Gegenständen, die zur selben Zeit in Britannien hergestellt wurden. Es sind die Platte von Llyn Cerrig Bach, das Zaumgebiß von Ulceby, Goldhalsringe sowie Spiegel und andere Objekte mit eingravierten Verzierungen.

Die Überprüfung anderer bedeutender Stücke führt zur

gleichen Feststellung. So weist der hohle Goldhalsring, der in Broighter im Norden des Landes entdeckt wurde, dieselben Züge auf wie der Stein von Turoe. Die Reliefteile zeichnen auf dem Hintergrund mit ihrer klaren, aber feinen Gestalt die regelmäßigen Umrisse von Flächen, die vermöge sich kreuzender Linien mattiert sind. Auf den Bronzeplatten von Schwertscheiden, die in Lisnacrogher und Coleraine entdeckt wurden, sind Kompositionen eingraviert, die auf der sehr regelmäßigen und ein wenig manieristischen Wiedergabe der Ranke basieren und die vollständig übereinstimmen mit dem gelappten Dekor eines Holzgefäßes aus dem Pfahldorf von Glastonbury im Süden Britanniens. Eine Bronzetrompete, deren Schalltrichter mit Motiven des gleichen Typs geschmückt ist, stammt aus Loughnashade im Norden der Insel. Dieses Instrument hat nichts mit der keltischen Trompete des Kontinents, dem *carnyx*, zu tun, sondern ist ein hiesiges Erbstück aus der Bronzezeit, ähnlich den skandinavischen Luren. Es gab sie in Irland, aber auch in Britannien, wie ein verziertes Bruchstück aus dem Fund von Llyn Cerrig Bach auf der Insel Anglesey bestätigt, dessen Hauptbestandteile aus der Zeit zu Beginn unserer Zeitrechnung zu stammen scheinen. Lediglich ein Goldhalsring (seine Herkunft wird üblicherweise mit „Clonmacnoise" angegeben, er wurde aber in Wirklichkeit in Knock bei Ballinashoe in der Grafschaft Roscommon gefunden), der manchmal auf das 3. Jahrhundert datiert wird, kann unter Umständen als Auswirkung eines direkten Kontakts mit dem Kontinent angesehen werden. Das Motiv des Herkulesknotens, das ihn auf der Rückseite schmückt, wurde im 4. Jahrhundert von den Kelten Italiens aufgenommen und erlebte in den ersten Jahrzehnten des darauffolgenden Jahrhunderts eine heftige, aber kurze Mode in den Gebieten nördlich der Alpen. Die Tatsache, daß hier eine Nachahmung der Filigrantechnik vorliegt, legt für den irischen Halsring eine ziemlich direkte Verbindung zu den italo-keltischen Vorbildern nahe.

Alle die ältesten irischen Stücke, mit Ausnahme vielleicht dieses zuletzt erwähnten Halsrings, deuten entweder auf eine britannische Herkunft oder, was noch wahrscheinlicher ist, auf starke Einflüsse aus Britannien hin. Trotz der geringen Zahl solcher Fundstücke kann ihr verstärktes Auftreten im Norden des Landes als starker Hinweis dafür angesehen werden. Die erste einigermaßen ausführliche Erwähnung der *Hibernia* bei den lateinischen Autoren findet sich im Bericht über die Feldzüge des Agricola in Schottland. Nach Tacitus „weisen die Natur des Bodens, das Klima, der Volkscharakter und die Zivilisation wenig Unterschiede zu Britannien auf; dank der Handelsbeziehungen und der Kaufleute kennt man besonders die Landestellen und Häfen". Man kann also annehmen, daß sich die Kontakte zwischen den beiden Inseln hauptsächlich im Gebiet des North Channel abwickelten und daß der nördliche Teil Irlands dem Einfluß der neuen Mode zuerst ausgesetzt war.

Aus dieser Region kommen übrigens auch die einzigen auf der Insel entdeckten Einfuhrgegenstände, die unbestreitbar aus jener Zeit stammen. In der Bucht von Ballyshannon wurde von Fischern ein bronzener Schwertknauf in Menschengestalt gefunden, und im Shannon wurde bei Keshgarrigan ein Bronzepokal entdeckt, dessen Griff in Form des Vorderteils eines Wasservogels fein modelliert ist. Das erste scheint ein charakteristisches Erzeugnis der Kunst der kontinentalen Oppida des 1. vorchristlichen Jahrhunderts zu sein, das wahrscheinlich über Britannien hierher gekommen ist, wo ein ähnliches Exemplar existiert. Der Pokal ist ein römisch-britannisches Werk aus dem 1. nachchristlichen Jahrhundert.

Es ist also fast sicher, daß die irische Kunst der vorchristlichen Zeit erst verhältnismäßig spät, kurz vor Beginn unserer Zeitrechnung, aus den ursprünglichsten Elemente der britannischen Kunst entstand. Sie stellt somit die letzte Stufe einer Art von La-Tène-Kunst der Inselkelten dar, die vom 4. bis zum 1. Jahrhundert aus den verschiedenen kontinentalen Entwicklungen Nahrung erhält. Nur die letzte Epoche keltischer Kunst auf dem Kontinent, die eng mit der Entwicklung der Oppida verknüpft ist, scheint in der irischen Kunst vor der Christianisierung im 4. Jahrhundert keinen Widerhall gefunden zu haben.

Die Königreiche im Heldenepos

Im Lauf der letzten Jahrhunderte des Heidentums scheinen die Kontakte zur Nachbarinsel Irland in der gleichen Wcisc aufrechterhalten worden zu sein wie im 1. vorchristlichen Jahrhundert. Die zwanzig römischen Münzschätze, die im Norden des Landes konzentriert sind, stellen den Hauptbeweis für Handelsbeziehungen dar, deren Natur schwer zu bestimmen ist.

Der einzige Autor nach Tacitus, der neue Informationen über Irland bringt, ist der alexandrinische Geograph Claudius Ptolemäus aus dem 3. Jahrhundert, der die Namen von annähernd fünfzig Orten, Königssitzen und Völkern aufzählt. Ihre Identifizierung wird von den Fachleuten noch diskutiert. Es wird allgemein angenommen, daß sich diese Namen nur auf einen Teil des irischen Gebiets beziehen, und zwar besonders auf die Ostküste. Die Quelle jenes Gelehrten ist immer noch Gegenstand von Kontroversen. Einige glauben bis zur Rundreise des Pytheas in der zweiten Hälfte des 4. Jahrhunderts zurückgehen zu müssen, andere glauben, daß es sich um Berichte von Kaufleuten handelt, die das Land nach der Eroberung Britanniens besuchten.

Die Dürftigkeit der antiken Quellen und die für diesen wie für den vorhergehenden Zeitraum gleichermaßen knappe archäologische Dokumentation werden durch das reiche und höchst bemerkenswerte Zeugnis der schriftlichen Überlieferung in der Landessprache reichlich ausgeglichen.

Die Gesamtheit der Erzählungen, die allgemein als das irische Heldenepos bezeichnet wird, wurde wahrscheinlich ab dem 7. Jahrhundert von den Mönchen der großen Abteien niedergeschrieben, und zwar nach mündlichen Überlieferungen, die auf die vorchristliche Zeit zurückgehen. Die ältesten Manuskripte von Epensammlungen stammen jedoch erst vom Ende des 11. Jahrhunderts. Man unterscheidet in althergebrachter Weise mehrere Gruppen, die verschiedenen Zeiträumen der legendären Vergangenheit Irlands entsprechen.

Der mythologische Zyklus, dessen bedeutendste Sammlung das „Buch der Eroberungen" ist, stellt die sagenumwobenen Ursprünge der Bevölkerung Irlands dar und berichtet von seinen Institutionen sowie den Beziehungen zwischen den Menschen und der übernatürlichen Welt des *Sid*, des unterirdischen Geisterreichs. Die Folge von Invasionen und Schlachten, die in diesen Legenden beschrieben ist, wird von einigen als ferner Widerhall der verschiedenen Etappen bei der Besiedlung der Insel betrachtet. Diese Auslegung ist jedoch sehr umstritten, weil es scheint, als hätten gerade diese Erzählungen in ihrem Aufbau unter der klassischen Bildung der Mönche, die sie niederschrieben, besonders gelitten. Dennoch ist ihr authentischer mythologischer Hintergrund unbestreitbar, und die Ähnlichkeiten mit Elementen der keltischen Mythologie, die auf dem Kontinent gesammelt worden sind, sind ein deutlicher Hinweis dafür.

Der Zyklus von Ulster, der den Namen des Königreichs im Norden trägt, spielt hier eine vorherrschende Rolle. Nach der Überlieferung spielen sich die Hauptepisoden zu Beginn unserer Zeitrechnung ab: Nach einem Annalisten des 11. Jahrhunderts, einem Genauigkeitsfanatiker, sei der Held *CúChulainn* im Jahre 2 im Alter von siebenundzwanzig Jahren gestorben und der große König *Conchobor* von Ulster im Jahr 21 oder 33. Die Hauptepisode des Zyklus, *Táin Bó Cuailnge* (Der Raub des Stiers von Cuailnge) erzählt von den Kämpfen zwischen den benachbarten Königreichen von Connacht und von Ulster, die durch die Unternehmung der Königin *Medb* von Curachan hervorgerufen wurden, welche sich des braunen Stiers von Cuailnge bemächtigen wollte. Die Hauptperson auf seiten der Ulater, der Bewohner des Königreichs von Ulster, dessen Hauptstadt Emain Macha ist, ist der Held *Sétanta.* Er wird nach seinem ersten Opfer, von dem er das Amt des Landeshüters übernimmt, *CúChulainn,* „Hund des Culann" genannt.

Wie in der gesamten keltischen Überlieferung wird auch in diesen Erzählungen dem Wunderbaren und dem Übernatürlichen große Bedeutung beigemessen. Dies ist aber auch in den germanisch-skandinavischen Sagas und den Heldenepen Homers der Fall. Vom möglichen geschichtlichen Hintergrund haben wahrscheinlich nur die Namen einiger Personen, vielleicht auch der verzerrte Nachhall von Ereignissen überdauert, aber es ist unmöglich, sie von der reinen Dichtung zu unterscheiden. Schließlich bleiben noch bestimmte Ortsnamen, die von den dort jeweils erhalten gebliebenen bestätigt werden. Diese Einschränkungen beziehen sich jedoch nicht auf die überzeugende Annahme, daß die irischen Heldenepen mit der völlig zusammenhängenden Beschreibung einer aristokratischen Gesellschaft das treue Abbild einer gesellschaftlichen Entwicklungsstufe der keltischen Völker vermitteln und daß die äußerst farbigen Erzählungen ein geschichtliches und völkerkundliches Dokument von herausragender Bedeutung darstellen.

Navan Fort, die legendäre Residenz der Könige von Ulster

Der von einer kreisförmign Umfassung umgebene Hügel, den man heute unter dem Namen Navan Fort kennt, ist das Zentrum eines weiträumigen Komplexes von Orten und Monumenten, unweit von Armagh, dem historischen Sitz des Primas von Irland, gelegen. Der Ort ist die legendäre Hauptstadt des Königreichs Ulster, Emain Macha, das nach den mittelalterlichen Annalen im Jahre 668 v. Chr. von der Kriegerkönigin *Macha* – in Wirklichkeit ist sie eine heidnische Göttin – als ihre Königsresidenz gegründet worden ist. Hier ist der Hauptort der Handlung des Epenzyklus von Ulster, die Residenz des Königs *Conchobor mac Nessa* und der Schauplatz der ersten Großtaten des Helden *CúChulainn.* Einige Forscher glauben, den Ort mit dem Isamnion des Claudius Ptolemäus identifizieren zu können oder mit dem Königspalast, der von demselben Autor erwähnt wird. Außer den monolithischen Monumenten gehört zu dem Komplex von Navan Fort ein See, den ältere Funde als einen heiligen Ort erweisen: Hier in Loughnashade hat man Ende des 18. Jahrhunderts vier große Trompeten aus Bronze mit reich verziertem Schalltrichter gefunden, zusammen mit Tierknochen und menschlichen Schädeln; die Funde stammen also zweifellos von einem oder mehreren Opfern. Der unter dem Namen „King's Stables" bekannte Teich, dessen Durchmesser etwa 30 m beträgt, ist im Jahre 1975 erforscht worden: Es hat sich gezeigt, daß er am Ende der Bronzezeit angelegt worden ist, in derselben Zeit, als auch die Siedlung von Navan Fort gegründet wurde. Aus ihm wurden zahlreiche Tierknochen (vor allem von Hunden und Hirschen, aber auch von Rindern, Schweinen und Schafen) zutage gefördert, die mit Opfern in Verbindung zu bringen sind und den sakralen Charakter dieses künstlichen Sees anzeigen. Am Ufer des Sees wurden Formen aus Ton gefunden, die man zum Gießen von Bronzeschwertern verwendete. Die kreisförmige Umfassung in der Nähe, die man unter dem Naman „Haughey's Fort" kennt, ist noch unerforscht.

Die Umfassung des Hügels von Navan Fort besteht aus einer Erdaufschüttung, die auf der Innenseite durch einen Graben gesäumt wird – ein klares Zeichen, daß es sich nicht um eine Verteidigungsanlage handelt. Die so umfaßte Fläche beträgt etwa 4 ha. Im ihrem nordwestlichen Teil befindet sich ein kleiner Hügel von 45 m Durchmesser und

6 m Höhe, der in den Jahren 1963–1971 vollständig erforscht wurde, wobei ein ebenso komplexer wie interessanter Fund ans Licht kam: Der Ort war seit der Jungsteinzeit (5. Jahrtausend v. Chr.) zeitweise bewohnt; vor dem Ende der Bronzezeit, etwa 700 v. Chr., wurde an der Stelle ein Komplex errichtet, der von einem kreisförmigen Graben umgeben war. Er bestand aus einem großen Haus mit ebenfalls kreisrundem Grundriß, das an ein umfriedetes Areal mit demselben Grundriß angrenzte. Das Ganze wurde, unter Wahrung derselben Anordnung, annähernd zehnmal wiederaufgebaut. Die Fundstücke erlauben es, das allmähliche Auftauchen von Gegenständen zu verfolgen, die für die Eisenzeit typisch sind, darunter Teile von Schwertscheiden, wie man sie aus dem „Fürsten"-Milieu des Kontinents kennt und die dadurch deutlich den herausgehobenen Rang der Bewohner des Ortes anzeigt. Im Zusammenhang einer der jüngeren Phasen (3. Jahrhundert v. Chr.) hat man den Schädel eines afrikanischen Affen gefunden, ein überraschender Fund, der keine Zweifel zuläßt an den weitreichenden Beziehungen, über die das alte Irland verfügte.

Kurze Zeit nach dem Jahre 100 v. Chr. wurde der Wohnkomplex durch ein sehr großes kreisförmiges Gebäude (mit einem Durchmesser von 40 m) ersetzt. Es war um einen zentralen Pfeiler in Gestalt eines gewaltigen Eichenstammes herumgebaut, der nach den dendrochronologischen Analysen gegen Anfang des Jahres 94 v. Chr. gefällt wurde. (Mit Hilfe seines Holzes hat man die beiden dendrochronologischen Reihen für Irland miteinander verbinden können, so daß heute ein ununterbrochener Zeitraum vom Jahre 5289 v. Chr. bis heute abgedeckt ist.) Das Gebäude enthielt 275 Pfeiler, die so aufgestellt waren, daß sie wie Strahlen vom Zentralpfeiler ausgingen und im Westen eine Art Allee bildeten, die dorthin führte. Es ist nicht sicher, daß das Gebäude ein Dach hatte, und es ist anscheinend nicht sehr lange benutzt worden. Es wurde bis zu einer Höhe von zweieinhalb Metern mit Steinen angefüllt und angezündet. Das Ganze wurde dann mit Grasschollen bedeckt, nochmals in einer Dicke von zweieinhalb Metern. Man hat es also mit einer absichtlichen Zerstörung zu tun, die vermutlich schon bei der Errichtung des Bauwerks vorgesehen war und die in einem Zusammenhang erfolgte, der nur ein religiöser gewesen sein kann. Die Bedeutung, die diesem Ort in der Legendentradition zukommt, findet so eine bemerkenswerte Bestätigung in den Daten, die die Archäologie liefert.

Ausgrabungen an anderen Orten Irlands, die man aus den Texten kennt, haben vergleichbare Verhältnisse ans Licht gebracht und stellen so eine einzigartige Verbindung zwischen den archäologischen Zeugnissen und der Legendenüberlieferung her.

Die Rolle der Könige

Die irische Gesellschaft der vorchristlichen Zeit ist zutiefst landwirtschaftlich geprägt, und der Viehbesitz bestimmt die Stellung in der Gesellschaft. Sein Schutz und die Durchführung von Beutezügen zur Vergrößerung der Herden sind die Hauptbeschäftigungen, die den adligen Kriegern obliegen. Jeder Stamm *(tuath)* – nach einem Autor des 12. Jahrhunderts gab es davon in Irland an die einhundertachtzig – wird von einem König regiert, zu dessen vielfältigen Ämtern unter anderem die regelmäßige Ausrichtung von Festmahlen gehört, wo die Hauptkämpfer des Adels sich um den „Heldenbissen“ streiten. Diese Stammesoberhäupter sind ihrerseits einem großen König unterstellt. Nach dem Heldenepos gab es vier solche Königreiche: Ulster, Connacht, Munster und Leinster. Schließlich führte die Vorherrschaft einiger Dynastien dazu, daß ein „König der Könige“ auftritt, dessen offenbar ziemlich gefährdete Herrschaft sich über die gesamte Insel oder wenigstens ihren größten Teil erstreckte.

Die Königswürde verleiht dieser Person sakrale Vollmachten, die sie stellvertretend für ihr Volk ausübt. Ein walisischer Autor des ausgehenden 12. Jahrhunderts beschreibt die Einsetzung eines Stammeskönigs in Ulster, die mit der öffentlichen Paarung des Königs mit einer weißen Stute beginnt. Das Tier wird anschließend zerlegt und gekocht, wonach es vom Volk und seinem König verspeist wird, der schließlich noch in die Kochbrühe getaucht wird. Die Beziehung dieser Zeremonie von ungewohnter Barbarei zu den Fruchtbarkeitsritualen ist offensichtlich. Sie erklärt die Bedeutung, die in Irland auf den Vollbesitz der körperlichen Kräfte beim Herrscher gelegt wurde. Verstümmelung oder Impotenz machten den König zur Weitergabe der Lebenskräfte untauglich und zogen seine Absetzung nach sich.

Das Festhalten an einer solch archaischen Auffassung vom Amt des Königs bis ins Mittelalter, inbegriffen der mit dem Christentum wenig verträglichen Riten, zeigt die Lebenskraft und die tiefe Verwurzelung der Gesellschaft, wie sie im irischen Heldenepos beschrieben wird. Diese Schriften stellen daher ein Vergleichsdokument ersten Ranges für das Studium der Kelten des Kontinents dar. Wir können natürlich nur annehmen, daß die Aufgaben des Königsamtes hier ähnlich waren, aber andere Entsprechungen sind offensichtlich: Die Benutzung zweirädriger Wagen, die von zwei Pferden gezogen wurden, die Enthauptung von Feinden, deren Köpfe aufgehoben wurden, usw.

Obwohl sie dem äußeren Anschein nach einfach ist, bringt die Gegenüberstellung der kontinentalen und der irischen Phänomene dennoch eine grundlegende Schwierigkeit mit sich, die bereits bei der Beschreibung der britannischen Kunst erwähnt worden ist. Es ist die hier zu beobachtende gleichzeitige Existenz von Kunstformen und soziologischen Erscheinungen, die sich auf dem Kontinent sowohl räumlich-geographisch wie zeitlich nur verstreut zeigen – ein Faktum, das durch die Randlage der Inselkelten verständlich wird.

Die irische Gesellschaft ist dennoch nicht unwandelbar.

Der Zyklus von Leinster (den J. Macpherson durch seine Nachahmung berühmt gemacht hat, die er Ossian, dem *Oisin* der irischen Schriften, unterschob) stellt bereits eine leicht veränderte Sachlage dar. Diese Legendensammlung ist mit einer Zeit verknüpft, als sich die Oberhoheit von Leinster, dem Königreich im Südosten, durchsetzt. Einige Besonderheiten gestatten die Vermutung, daß es sich um den Zeitraum direkt vor der Christianisierung handelt, also um das 3. und 4. Jahrhundert. Die Hauptpersonen dieser Erzählungen sind keine Stammeshelden mehr wie *CúChulainn*, sondern Kriegerbanden, *fiana*, die am Rande der Stammesstruktur stehen und ihre Dienste den Herrschern vermieteten. Man kommt nicht umhin, sie mit den Horden, die sich ganz dem Krieg widmeten, zu vergleichen, die das keltische Europa des 3. vorchristlichen Jahrhunderts durchzogen, wie die Gäsaten von Telamon.

Im ganzen gesehen scheint es so, als ob Irland verschiedene Erscheinungen der keltischen Kultur angehäuft und aneinandergereiht hätte, die mit aufeinanderfolgenden Entwicklungsstufen der keltischen Gesellschaft der Eisenzeit verknüpft sind – mit Ausnahme des Phänomens der Oppida, dessen Dauer zu kurz war, um die irische Entwicklung zu beeinflussen. In diesem Sinne wird das Christentum zum letzten Bestandteil einer Verbindung irischer und festländischer Lebensformen, die von außerordentlicher Lebenskraft und gleichzeitig bemerkenswerter Eigenständigkeit ist.

7.

Keltischer Geist und europäische Zivilisation

Die letzten geistigen Zentren einer keltischsprachigen Kultur befinden sich beim Untergang des Römischen Reiches auf den Inseln, besonders in Irland. Das Christentum gibt nicht nur der Literatur, sondern auch der plastischen Kunst neuen Aufschwung. Zu dem alten Hintergrund gesellt sich die klösterliche Kultur, die direkte Erbin der klassischen Antike und der im Orient wie im Okzident gewonnenen Erfahrungen.

Die irischen Mönche spielen von nun an die wichtigste Rolle bei der Erhaltung und Weiterentwicklung einer Literatur in keltischer Sprache. Diese Erscheinung bleibt jedoch auf die Inseln beschränkt, und die Tätigkeit der iroschottischen Missionare auf dem Kontinent (die zwischen dem 6. und 7. Jahrhundert besonders zahlreich waren) hatte keine Wiederbelebung der keltischen Umgangssprache zur Folge. Existierte sie überhaupt noch? Nichts weist darauf hin, obwohl Dialekte, wahrscheinlich zu ländlichen Mundarten herabgesunken, den Untergang des römischen Weltreiches überlebt hatten: Der hl. Hieronymus erwähnt Ende des 4. Jahrhunderts die Ähnlichkeit zwischen der Sprache der Galater und jener der Treverer. Der Gebrauch des Latein, der Sprache der Kultur, der Verwaltung und des Handels, hatte sich nach Jahrhunderten römischen Lebens bei den Kelten Galliens so sehr durchgesetzt, daß der Zusammenbruch des Weltreiches und der Zustrom germanischer Völker dies auf Kosten der einheimischen Umgangssprachen lediglich noch bestärkte. Zu Beginn des Mittelalters ist die Armorika das einzige kontinentale Gebiet, wo der Gebrauch des Keltischen so verankert ist, daß sein Überleben gesichert ist, was wir der Zuwanderung von Inselbretonen verdanken, die durch die gleichzeitigen irischen Übergriffe und die Einfälle der Sachsen im 5. Jahrhundert aus ihrem Land vertrieben werden.

Die Kontakte zwischen den keltisch sprechenden Völkern der Inseln und jenen der bretonischen Halbinsel – die in der französisch sprechenden Umgebung völlig isoliert leben – sind häufig und eng: Es ist wahrscheinlich, daß sie zusammen mit der entscheidenden franko-normannischen Invasion in England zur Einführung des Sagenkreises um Artus und Tristan in die höfische Dichtung des 12. Jahrhunderts in französischer Sprache beitrugen. Keltische Themen, von Feenmärchen und dichterischer Träumerei durchwoben, werden so mittels König Artus' Tafelrunde und gleichartigen Berichten wieder in die kontinentale Kultur eingeführt, wo sie beachtlichen Erfolg haben.

Hätten ohne das Vermächtnis, das Generationen von Erzählern und gelehrten Dichtern erschaffen und weitergegeben haben, die kontinentalen Völker keltischer Abstammung überhaupt etwas (uns sei es noch so stark verändert) von dem uralten Schatz ihrer mündlich überlieferten Literatur bewahren können? Man kann es nicht ausschließen, aber es ist schwierig, Argumente für eine bejahende Antwort zu finden, weil zahlreiche Themen aus jener Literatur nachträglich in die Volkserzählungen eingeführt wurden und deshalb nicht leicht zu identifizieren sind.

Die keltische Literatur scheint also definitiv keinen direkten Einfluß ausgeübt zu haben, der stärker als jener der klassischen, heidnischen oder christlichen Antike war. Dennoch tauchen die Eigenschaften, die ihre Originalität ausmachen, zu verschiedenen Zeitpunkten der Entwicklung der europäischen Kultur mit Macht wieder auf.

So entwickelt zum Beispiel Rabelais, der gallischste unter den Schriftstellern des alten Frankreich, dieselbe Vorliebe wie die keltischen Dichter für die innere Kraft des

Wortes und die magische Macht, die es besitzt. Dies ist sicher nicht das Ergebnis einer direkten Verbindung, sondern die eines ähnlichen überströmenden Geistes, der jede Unterscheidung zwischen Wirklichkeit und Einbildung verschwinden läßt.

Diese Geistesverwandtschaft wird auf dem Gebiet der plastischen Kunst noch deutlicher. Man findet in der Tat zwischen der La-Tène-Kunst und der gotischen Kunst in der Konzeption wie in der Form bemerkenswerte Übereinstimmungen: dieselbe Allgegenwart des Pflanzenornaments, das eine Welt strukturiert, wo der Darstellung des Göttlichen vertraute oder unheilvolle Monster beigesellt werden, dieselbe Faszination für die mit dem Zirkel ausgeführten Kompositionen und das mehrdeutige Spiel mit freien und verzierten Flächen und vieles mehr. Die möglichen Vergleiche sind zahlreich und überzeugend, dennoch existiert zwischen diesen beiden durch mehr als ein Jahrtausend getrennten Kunstformen keine ausreichende Verknüpfung, die sie erklären könnte: Sie sind jeweils unabhängiger Ausdruck einer verwandten Geistesart.

Diese beiden Kunstformen werden übrigens von den von der klassischen Kultur geprägten Geistern mit dem gleichen negativen Urteil bedacht. Im Jahre 1840 rühmt ein Fremdenführer in Paris die Architektur der Madeleine-Kirche als „das harmonischste Baudenkmal von Paris" und erwähnt nur der Vollständigkeit halber die „barbarische" Architektur von Notre-Dame. Eine solche Einschätzung scheint heute unverständlich, und die gotische Kunst wurde denn auch im Laufe des 19. Jahrhunderts voll rehabilitiert. Was die keltische Kunst betrifft, so bleibt sie auch heute noch für viele eine mehr oder weniger geschickte Verformung der mediterranen Kunst und ist Ausdruck der Unterlegenheit ihrer Kultur.

Die alten Kelten hinterließen der europäischen Zivilisation mehr als eine Sprache, eine Literatur oder eine plastische Kunst als Vermächtnis: Sie vererbten ihr eine Weise des Empfindens und eine Geistesart, die im Lauf der Jahrhunderte die Hauptrolle im Dialog mit den verschiedenen Äußerungen der klassischen Tradition spielen wird. Diese zwei geistigen Strömungen sind nur scheinbar gegensätzlich, es sind zwei Systeme des Denkens und des Ausdrucks verschiedener Naturen, aber sie ergänzen sich in gewissem Maße. Die Geschichte der Beziehungen zwischen der keltischen Kunst der jüngeren Eisenzeit und der mediterranen Kunst illustriert diese Tatsache mit besonderer Klarheit.

Der alten Welt der Kelten die Anerkennung ihrer Authentizität und ihrer Eigenart zu verweigern, heißt die tiefen Wurzeln des dialektischen Mechanismus zu leugnen, der im Laufe der Zeiten mit bemerkenswerter Kraft eine europäische Kultur geformt hat, die ein unveräußerlicher Bestandteil unseres Erbes ist.

Einige Daten zur keltischen Geschichte

Zeit vor Christus

um 2200–2000:	Beginn der Bronzezeit in Mitteleuropa. Die keltischsprechenden Gruppen unterscheiden sich von den anderen westlichen Mitgliedern der indoeuropäischen Völkerfamilie.
um 750–700:	Die Technik der Eisenerzeugung wird in Mitteleuropa eingeführt.
um 600:	Gründung der phokäischen Kolonie *Massalia* (Marseille).
551:	Dendrochronologisch (aufgrund wissenschaftlicher Holzuntersuchungen) ermitteltes Datum für den Bau des Prinzengrabes von Magdalenenberg.
474:	Niederlage der Etrusker bei Cumae; infolgedessen Ausbau der Stellung der Etruskerstädte der Poebene als Handelsmacht.
469:	Dendrochronologisch ermitteltes Datum für den Bau des Walls um die Festung Kirnsulzbach im Rheinland.
461:	Dendrochronologisch ermitteltes Datum für den Bau des Hünengrabs von Altrier (Luxemburg).
um 450:	Herodot (um 480–um 425 v. Chr.) lokalisiert die Donauquellen im keltischen Gebiet.
392:	Belagerung von Veii durch Camillus; Auftauchen der Gallier an den Grenzen Etruriens.
385:	Niederlage der Römer an der Allia, Einnahme Roms (390 v. Chr. nach Varros traditioneller Zeitberechnung).

369–368: Keltische Söldner im Dienste des Dionysios von Syrakus kämpfen in Griechenland.

365–364: Gallischer Feldzug ins Tibertal und nach Apulien.

350–349: Gallischer Feldzug ins Tibertal, in die Campagna und nach Apulien.

335: Alexander d. Gr. empfängt im Laufe seines Donaufeldzuges eine keltische Gesandtschaft; zur gleichen Zeit dreißigjähriger Friede zwischen den Galliern und Rom.

324: Alexander d. Gr. empfängt Abgesandte in Babylon.

310: Niederlage der illyrischen Autariaten durch die Kelten.

307: Agathokles von Syrakus zieht mit keltischen Söldnern nach Afrika.

298: Keltischer Feldzug nach Thrakien; die Kelten werden am *Haemus* von Kassander geschlagen.

295: Die Gallier werden bei Sentinum von den Römern geschlagen.

285: Römische Niederlage bei *Arretium* (Arezzo).

283: Endgültiger Sieg der Römer über die Senonen; auf ihrem Gebiet wird die Stadt *Sena Gallica* (Senigallia) gegründet.

280: Die Kelten überfallen Makedonien und besetzen es nach der Niederlage und dem Tod des Ptolemaios Keraunos.

279: Brennos zieht mit einem Teil des keltischen Heeres bis nach Delphi.

278: Ein Teil der keltischen Streitkräfte geht nach Kleinasien; die Skordisker lassen sich zwischen Save und Donau nieder.

277: Die Kelten erleiden nahe der Halbinsel Gallipoli eine Niederlage durch Antigonos Gonatas; das Königreich Tylis wird errichtet.

277–276: Aufstand der keltischen Söldner im Dienst Ptolemaios' II. Philadelphos von Ägypten.

275: Sieg Antiochos' I. von Syrien über die Galater, denen er ein Gebiet, das spätere Galatien, zuteilt.

274: Keltische Söldner schließen sich dem Heer des Antigonos Gonatas an, das von Pyrrhus geschlagen wird.

270: Weiterer Sieg des Antiochos über die Galater.

268: Gründung von *Ariminum* (Rimini), Tor Roms zur Gallia cisalpina.

265: Aufstand der keltischen Söldner in Megara.

256: Dendrochronologisch ermitteltes Baujahr eines Holzschilds, der in der Gegend von La Tène gefunden wurde.

241: Die Galater erleiden durch Attalos I. von Pergamon eine Niederlage. (Ihr folgen zwischen 240 und 230 wieder weitere Siege.)

241–237: Großer Aufstand der zum großen Teil keltischen Söldner in Karthago.

238: Innere Unruhen bei den zisalpinischen Bojern, nachdem sie von ihren transalpinischen Stammesgenossen zu Hilfe gerufen worden waren.

232: *Lex Flaminia* (Aufteilung des senonischen Gebietes); erneuter Hilferuf der Bojer an ihre transalpinen Stammesgenossen.

225: Die transalpinische und die zisalpinischen Bojer werden bei Telamon geschlagen.

224: Feldzug der Römer gegen die Bojer und die Lingonen.

223: Römischer Versuch, den Po zu überschreiten.

222: Schlacht von *Clastidium*, römischer Sieg über die Insubrer; Einnahme von Mailand; Friedensvertrag; Gründung von *Placentia* (Piacenza) und *Cremona.*

221: Sieg Hannibals über die Keltiberer.

220: Fertigstellung der *Via Flaminia* (Rom-Fano-Rimini).

220–219: Kauaros von Tylis vermittelt zwischen Byzanz (das ihm einen schweren Tribut bezahlen mußte) und Prusias von Bithynien, der mit Rhodos verbündet war.

218. Die Kelten Thrakiens, Aigysagen genannt, ziehen auf Einladung Attalos' I. von Pergamon nach Kleinasien. Hannibal überquert die Alpen und fällt in die Cisalpina ein.

217: Schlacht am Trasimenischen See, bei der auf seiten Hannibals auch gallische Heereseinheiten kämpften.

216: Schlacht von Cannae. Die Aigysagen machen einen Aufstand und verschanzen sich auf der asiatischen Seite des Hellespont. Sie werden von Prusias von Bithynien geschlagen.

213: Wahrscheinliches Ende des angeblichen Königreichs Tylis in Thrakien.

207: Schlacht am Metaurus, Hasdrubal und die mit ihm verbündeten Gallier werden von den Römern geschlagen.

205: Ende der römischen Eroberung Spaniens.

201: Die von Hamilcar aufgewiegelten Cenomanen bemächtigen sich *Placentias* und *Cremonas*.

200: Niederlage der Zenomanen vor Cremona.

197: Unterwerfung der Zenomanen.

196: Unterwerfung der Insubrer.

194: Niederlage der Bojer und der Insubrer in zwei Schlachten in der Nähe von *Mediolanum* (Mailand).

191: Unterwerfung der Bojer; von denen ein Teil in ihr Herkunftsgebiet nördlich der Alpenzurückgekehrt sein soll.

189: Gründung der Latinerkolonie *Bononia* (Bologna).

187: Fertigstellung der *Via Aemilia* (Rimini-Piazenza).

186: Die K*arnier* tauchen im Norden Venetiens auf.

186–185: Ein gallisches Korps nimmt in Ägypten teil an der Belagerung von Abydos durch die Lagiden.

183: Gründung der römischen Kolonien *Mutina* (Modena) und *Parma* an der *Via Aemilia*. Römische Intervention gegen die K*arnier.*

181: Gründung einer römischen Kolonie in *Aquileia*.

179: Letzter Einfall der transalpinischen Gallier in Italien.

178–177: Eroberung Istriens durch die Römer.

171: Einmarsch der Römer nach Illyrien.

166: Gescheiterter Aufstand der Galater gegen die Bevormundung durch Pergamon.

154: Aufstand der *Lusitanier* und der Keltiberer.

135: Die Römer fügen den Skordiskern südlich des *Haemus* eine Niederlage bei.

133: Fall von Numantia.

125: Zweiter römischer Feldzug gegen die Salyer, Schaffung der *Provincia.*

124: Fall von Entremont und Niederlage der Salyer, Gründung von *Aquae Sextiae* (Aix-en-Provence).

121: Niederlage der Arverner und Allobroger unter Führung von Bituit.

120: Wahrscheinlicher Beginn der Wanderung der Kimbern und siegreiche Verteidigung der Bojer.

117: Gründung von *Narbo Martius* (Narbonne).

113: Die Kimbern fügen den Römern bei *Noreia* eine Niederlage zu.

109: Die Teutonen und die Helvetier überschreiten den Rhein.

107: Die Tiguriner und die Volken-Tektosagen schlagen die Römer nördlich von Toulouse.

106: Sieg der Römer über die Volken-Tektosagen, beträchtliche Beute in Gestalt des *aurum tolosanum.*

105: Die Kimbern, Teutonen, Ambronen und Helvetier steigen ins Rhonetal hinab und schlagen die Römer bei Orange.

102: Niederlage der Teutonen bei Aix-en-Provence.

101: Niederlage der Kimbern bei Vercelli, nördlich des Po.

85: Ungefähres Datum eines wichtigen Siegs der Römer über die Skordisker.

80: Die *Lex Pompeia,* das latinische Recht wird den Insubrern und Zenomanen zugestanden.

78–76: Die Skordisker treten in Mazedonien als Verbündete Mithridates' des Großen auf.

76–74: Unterdrückung eines Aufstands der Volken durch die Römer.

70: Ungefähres Datum des Erscheinens von Ariovist im Osten Galliens anläßlich eines Streites zwischen den Sequanern und den Häduern.

65: Dendrochronologisch an Balken aus einem benachbarten Gebäude ermitteltes Baujahr für die Desor-Brücke in La Tène.

63: Neuordnung Galatiens am Ende des Krieges gegen Mithridates den Großen.

62–61: Aufstand der Allobroger.

61: Verschwörung des Orgetorix; erste Vorbereitungen der helvetischen Wanderung.

60–59: Ein Teil der Bojer, der *Noreia* belagert hatte, wird von den Helvetiern überredet, an der Wanderung teilzunehmen.

58: Einfall der Helvetier und ihrer Bundesgenossen in Gallien; Intervention Cäsars; Niederlage der Helvetier bei Bibracte; Niederlage Ariovists in der elsässischen Ebene.

57: Feldzug Cäsars gegen die Belger.

56: Seesieg über die Veneter und deren nachfolgende Unterwerfung.

55: Cäsar überschreitet den Rhein, setzt über den Ärmelkanal und unternimmt den ersten Feldzug nach Britannien.

54: Zweiter Feldzug nach Britannien.

53: Zweiter Feldzug jenseits des Rheins.

52: Allgemeiner Aufstand unter Führung von Vercingetorix; gallischer Sieg bei Gergovia; Belagerung von Alesia; Unterwerfung der Arverner und Häduer.

51: Vollständige Befriedung Galliens.

50: Ungefähres Datum für den Sieg der Daker unter Burebistas' Führung über die Bojer Pannoniens.

42: Anschluß des zisalpinen Galliens an Italien.

35: Feldzug Oktavians nach Illyrien, wo die römische Grenze bis zur Donau vorgeschoben wird.

27–25: Befriedung der alpinen Volksstämme.

25: Galatien wird römische Provinz.

12: Eroberung Pannoniens durch die Römer.

9: Das römische Heer besetzt Noricum und dringt bis zur mittleren Donau vor.

9–6: Die germanischen Markomannen besetzen unter Marbods Führung Böhmen, die Quaden Mähren.

Zeit nach Christus

43:	Feldzug des Claudius nach Britannien; römische Besetzung des südlichen Teils der Insel.
61:	Aufstand der *Iceni* und anderer Völker Britanniens unter der Führung von Königin Boudicca.
78–86:	Agricolas Feldzug nach Britannien, die römische Grenze wird am Fluß Clyde und am Firth of Forth errichtet; die römische Flotte umschifft die Insel.
314:	Britannische Bischöfe nehmen am Konzil von Arles teil.
367–369:	Eindringen einer erheblichen Zahl von Sachsen in Britannien.
383:	Magnus Clemens Maximus macht sich zum Kaiser und zieht außerhalb Britanniens eine größere Menge römischer Truppen zusammen.
407–411:	Endgültiger Abzug der römischen Heere aus Britannien.
429:	Germanus, der Bischof von Auxerre, wird zur Evangelisierung nach Britannien geschickt.
431:	Pallodius wird zum ersten Bischof Irlands ernannt und ins Land geschickt, aber er kehrt nach Britannien zurück.
432:	Patrick wird als Bischof nach Irland geschickt.
450:	Die Ebenen des mittleren und östlichen Teils von Britannien werden von Sachsen besetzt; der Rückzug der keltischen Bevölkerung verursacht die Auswanderung der Insel-Bretonen nach Armorika, der heutigen Bretagne.

Auswahlbibliographie

Biel, Jörg: *Der Keltenfürst von Hochdorf*, Stuttgart 1985

Birkhan, Helmut: *Kelten*, Wien 1997

Bittel, Kurt; Schiek, Siegwalt und Müller, Dieter: *Die keltischen Viereckschanzen.* Atlas archäologischer Geländedenkmäler in Baden-Württemberg I/1, Stuttgart 1990

Cunliffe, Barry: *The Celtic World*, London 1979

Demandt, Alexander: *Die Kelten*, München 1998

Drda, Petr und Rybová, Alena: *Les Celtes de Bohême*, Paris 1995

Duval, Paul-Marie: *Die Kelten*, München 1978 (franz. Paris 1977)

Duval, Paul-Marie: *Monnaies gauloises et mythes celtiques*, Paris 1987

Filip, Jan: *Die keltische Zivilisation und ihr Erbe*, Prag 1961 (engl. Neuausgabe Prag 1977)

Filip, Jan: *Enzyklopädisches Handbuch zur Ur- und Frühgeschichte Europas*, Prag/Stuttgart I 1966, II 1969, III 1998

Furger-Gunti, Andres: *Die Helvetier. Kulturgeschichte eines Keltenvolkes*, Zürich 1984

Kruta, Venceslas: *Les Celtes* („Que sais-je?" 1649), Paris 1976, 8. Aufl 2000

Kruta, Venceslas: *Die Anfänge Europas*, München 1993

Kruta, Venceslas und Forman, Werner: *Die Kelten. Die Herren des Westens*, Luzern/Herrsching 1986

Kruta, Venceslas und Manfredi, Valerio: *I Celti in Italia*, Mailand 1999

Lorenz, Herbert: *Rundgang durch eine keltische Stadt*, Pfaffenhofen 1986

Megaw, Ruth und Vincent: *Celtic Art. From its Beginnings to the Book of Kells*, London 1989

Maier, Bernhard: *Lexikon der keltischen Religion und Kultur*, Stuttgart 1994

Neugebauer, Johannes-Wolfgang: *Österreichs Urzeit. Bärenjäger, Bauern, Bergleute*, Wien/München 1990

Piggott, Stuart: *The Druids*, London 1968

Raftery, Barry (Hrsg.): *L'art celtique*, Paris 1990

Raftery, Barry: *Pagan Celtic Ireland. The Enigma of the Irish Iron Age*, London 1994

Spindler, Konrad: *Die frühen Kelten*, Stuttgart 1983

Stead, Ian: *Celtic Art in Britain before the Roman Conquest*, London 1985

Szabó, Miklós: *Les celtes de l'Est. Le second âge du fer dans la cuvette des Karpates*, Paris 1992

Zachar, Lev: *Keltische Kunst in der Slowakei*, Preßburg 1987

Sammelbände

L'Europe celtique du Ve au IIIe siècle avant J.-C.: contacts, échanges et mouvements de populations, Sceaux 1995

L'expansion des celtes de la Gaule vers l'Orient, Dossiers Histoire et Archéologie 77, Dijon 1983

Los Celtas en España, Revista de Archeología, Sonderheft 5, Madrid 1990

Ausstellungskataloge

L'Alsace celtique. 20 ans de recherches (Ausstellung in Colmar – Haguenau –Mulhouse), Colmar 1990

L'Art celtique en Gaule (Ausstellung in Marseille – Paris –Bordeaux – Dijon), Paris 1983

Celtiberos (Ausstellung in Zaragoza), Zaragoza 1988

Das keltische Jahrtausend (Ausstellung in Rosenheim), Mainz 1993

Die Hallstattkultur. Frühform europäischer Einheit (Ausstellung in Steyr), Linz 1980

Die Kelten in Mitteleuropa. Kultur, Kunst, Wirtschaft (Ausstellung im Keltenmuseum Hallein), Salzburg 1980

Gold der Helvetier. Keltische Kostbarkeiten aus der Schweiz (Ausstellung im Schweizerischen Landesmuseum Zürich), Zürich 1991

Hundert Meisterwerke keltischer Kunst. Schmuck und Kunsthandwerk zwischen Rhein und Mosel (Ausstellung im Rheinischen Landesmuseum Trier), Trier 1992

I Celti/Les Celtes/The Celts (Ausstellung im Palazzo Grassi in Venedig), Mailand 1991